本書係「敦煌文獻系統性保護整理出版工程」項目成果

二〇二一—二〇三五年國家古籍工作規劃重點出版項目

「十四五」國家重點出版物出版規劃項目

國家古籍整理出版專項經費資助項目

中國國家圖書館藏敦煌文獻

中國國家圖書館 編

第五六册

BD00841～BD00853

國家圖書館出版社

DUNHUANG MANUSCRIPTS IN THE NATIONAL LIBRARY OF CHINA

056

BD00841 ~ BD00853

compiled by the

National Library of China

National Library of China Publishing House

顧　問　方廣錩　郝春文　榮新江　李際寧

編纂出版　張志清　魏　崇　陳紅彦　殷夢霞　薩仁高娃
謝冬榮　劉　波　林世田　廖生訓

編　纂　林世田　薩仁高娃　常蓋心　于　瑞　劉毅超
烏心怡　劉　波　劉炳梅　周升川　劉　婷
程佳羽　沈艷麗　高　雅

編　輯　潘　竹　程魯潔　黄　鑫　苗文蕖

審　稿　孫　彦　耿素麗　宋志英　鄧咏秋

凡例

一　本書刊布中國國家圖書館藏敦煌文獻，以館藏編號爲序編排。

二　館藏編號采用「BD+流水號」格式，如BD00001, BD16579等。背面在編號後加v表示。一個編號包含多件文獻者，編號後分別綴以字母A, B, C等。一件文獻含有多個内容者，以數字-1, -2, -3等標明順序。

三　圖版有縮印或放大處另加説明，尺寸超出本書幅面的以摺葉形式呈現。

四　卷軸裝、梵夾裝、經摺裝等裝幀形制的敦煌文獻，各附外觀圖像。

五　每件文獻依次呈現外觀、正面、背面等。背面僅刊布有文字、圖像或其他要素的圖版，而略去素紙部分，背面圖版同樣以從右到左順序編排。凡有外題者，遵從以上原則。

六　除個別特殊情況外，爲保證閱讀連貫、流暢，圖版儘量通欄呈現。

七　各葉上方附該件文獻全圖，以高亮形式顯示本葉大圖在全卷中的位置。部分長卷文獻全圖衹能分多段呈現時，在上段末以❮符標示下段接續。卷尾内容不足一葉時，文獻全圖使用該圖卷尾部分，亦以❮符標示。背面圖版文字與正面文字方向相反時，文獻全圖按原貌顯示，正文翻轉呈現，以便閱讀研究，用⟲符標示。

八　文獻題名大體沿用中國國家圖書館此前所編多部敦煌文獻目録的考證，部分吸收學界最新研究成果略作調整和完善。文獻題名綜合參考原卷首題、尾題、外題確定，如原卷題名與該文獻正式名稱不同，則采用正式名稱；無題名者，或比定題名，或擬定新名。非漢文文獻在題名前標注語種。有分卷不同等其他情況者，括注於文獻名稱後。

九　本書著録使用通行繁體字，涉及原文中的人名、地名等，必要時保留原字形。

About this publication

1. The documents are presented in shelfmark order.
2. The shelfmarks are in the form BD plus a running number, eg. BD00001, BD16579, &c. If a given shelfmark contains multiple documents, these are distinguished by the letters A, B, C, &c. If a document has multiple contents, they are distinguished by the numbering 1, 2, 3, &c. The verso side of an item is indicated by the letter v.
3. If it has been necessary to reduce or enlarge the size of an illustration, the dimensions are indicated. If the size of an illustration exceeds the size of the book, a folding sheet is used.
4. If the document is a scroll, a folded sutra, or has a stitched binding, a picture of the whole object is provided to show its external appearance.
5. The cover, front, and back of each document are reproduced in sequence. The back of a document is only reproduced if it contains text, illustrations, or other markings, and it is oriented from right to left. If it is blank it is not reproduced.
6. Except in a few special cases, the lines of text are reproduced unbroken to make them coherent and easier to read.
7. An illustration of the complete document is reproduced at the top of each page, and the section where the main illustration appears is highlighted in order to indicate its position. If it has only been possible to reproduce a long scroll in sections, the direction symbol has been used to indicate where one illustration ends and the next one begins. If the end of the scroll occupies less than one page, the direction symbol is used to indicate its position in the illustration of the complete document. If the text on the back of the document has a different orientation from the text on the front, it is reproduced as it is, but is also rotated (indicated with the rotation symbol) so that it can be read easily.
8. The titles of the documents generally conform with those already established by the Library, but in some cases have been amended by drawing on the most recent scholarly research. The titles are derived firstly from the beginning of the text, then from the end of the text, and lastly from the cover. If the title of a document differs from its authoritative form, the authoritative form is used; and if a document has no title, one is either supplied by comparison with similar documents, or a new one is devised. If the document is not in Chinese, its language is indicated before the title. If the number of juan is different from that of the authoritative version, or if there are other irregularities, this is noted.
9. The documents in the book are in traditional Chinese characters. Where the title contains personal or place names, the original characters used for these names are retained.

(Translated by David Helliwell)

第五六册目録

BD00841 佛名經（十六卷本）卷八

BD00841v-1 癸未年八月十一日於經藏内再點勘經教現有部袟數目

BD00841v-2 佛名經卷八外題

767.6cm×26.4cm

BD00841　佛名經（十六卷本）卷八　（36－1）

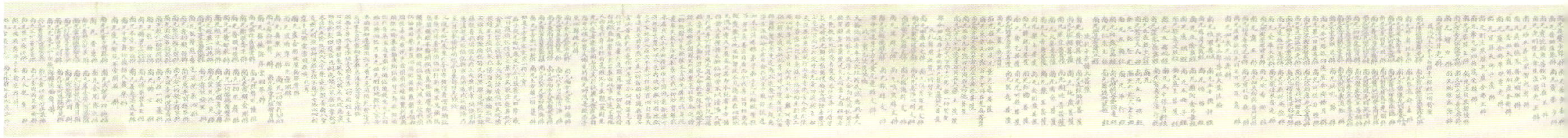

佛說佛名經卷第八

南无金作蓋山佛　南无毗婆尸佛

南无光尸棄佛　南无毗舍浮佛

南无拘留孫佛　南无拘那含佛

南无迦葉佛　南无三昧手勝佛

南无无垢奮迅菩薩

若善男子若善女人受持是佛菩薩

名超越世間三十劫

南无日輪光明勝佛　南无日光明菩薩

若人受持是佛菩薩名超越世間千劫

南无普蓋佛

若善男子受持是佛名是名超越世間

四大劫常現諸佛菩薩前生不復作五逆罪

南无三昧勝奮迅佛

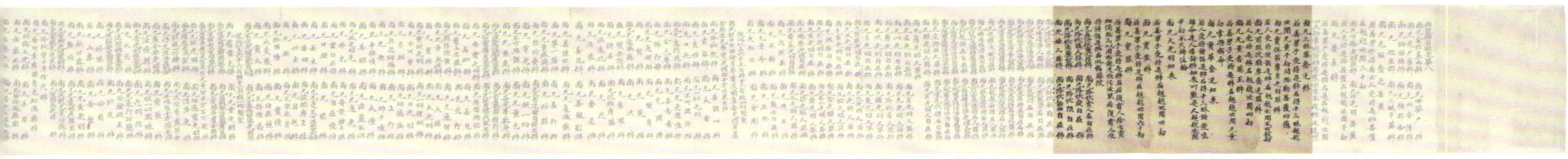

南无三昧勝奮迅佛
若善男子受持是佛名得千三昧超越
世間无量千劫同弥勒菩薩功德
南无寶俱蘊摩身光明勝佛
若人受持讀誦是佛名超越世間不可數劫
南无最勝波頭摩奮迅勝佛
若人受持是佛名超越世間卌劫
南无无量香勝王佛
若善男子受持是佛名超越世間无量
劫常得宿命
南无寶華奮迅如來
若人受持讀誦是佛名得千三昧諸衆生
歸命是人為諸佛如來所歎是人超越世間
千劫不久轉法輪

千劫不久轉法輪
南无大光明如來
若善男子受持是佛名超越世間世劫
南无寶藏佛
若善男子受持是佛名超越世間六十劫
南无寶勝佛
若善男子受持是佛名若復有人捨七寶
如須弥山以用布施及恒沙世界若復有人受
持讀誦是佛名此福勝彼
南无名降伏魔人勝佛　南无降伏貪人名自在佛
南无降伏瞋人勝佛　南无降伏癡自在佛
南无降伏漆魔人勝佛　南无降伏限自在佛
南无嫉人勝佛　南无降伏諂曲自在佛

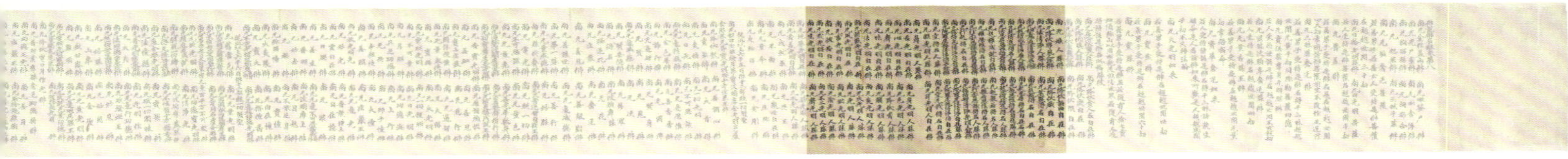

南无嫉人勝佛　南无降伏諂曲自在佛
南无降伏邪見人勝佛　南无降伏臧自在佛
南无法清淨人勝佛　南无業勝得名自在佛
南无如意通清淨得名勝佛　南无起施得名自在佛
南无起持戒清淨名人勝佛　南无起忍辱得名自在名佛
南无起清進得名人勝佛　南无施思惟得名自在勝佛
南无法忍辱思惟得名自在佛　南无起思惟精進得名人勝佛
南无起禪成就自在佛　南无起般若得名人勝佛
南无禪思惟得名自在佛　南无般若思惟得名人勝佛
南无行不可思議得名自在勝佛　南无行不可思議得名人勝佛
南无行起得名自在佛　南无捨持智清淨光明人勝佛
南无捨持色清淨得名自在佛　南无陁羅尼住清淨自在勝佛
南无陁羅尼稱清淨得名人勝佛　南无陁羅尼施清淨得自在佛
南无空得名人勝佛　南无空无我得名自在佛

南无空得名人勝佛　南无空无我得名自在佛
南无眼光明人勝佛　南无耳光明人自在佛
南无鼻光明人勝佛
南无舌光明自在佛　南无身光明人勝佛
南无心光明自在佛　南无色光明人勝佛
南无聲光明自在佛　南无降伏香人勝佛
南无味光明自在佛　南无觸光明人勝佛
南无法光明自在佛　南无突光明人勝佛
南无讚歎光明自在佛　南无火光明人勝佛
南无風光明自在佛　南无光明人勝佛
南无事光明自在佛　南无世光明人勝佛
南无拔苦自在佛　南无陰光明人勝佛
南无戒光明自在佛　南无不二光明人勝佛
南无生光明自在佛　南无聲光明人勝佛

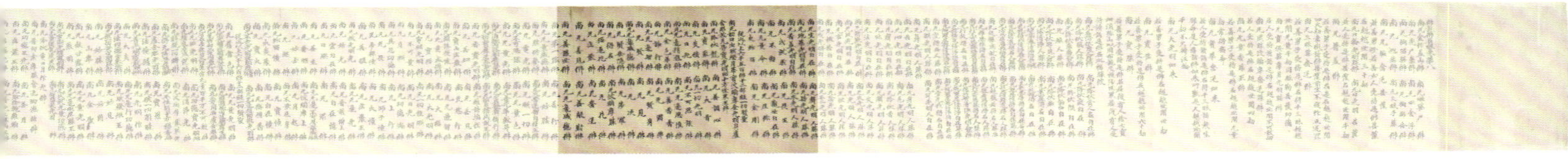

南无生光明自在佛　南无聲光明人勝佛
南无地華光明自在佛　南无跡光明人勝佛
南无香善光明自在佛　南无求光明人勝佛
南无成就義佛　南无畏王佛
南无不動佛　南无觀世自在佛
南无无量命佛　南无尼弥佛
南无炎弥留佛　南无金剛佛
從此以上六千五百佛十二部經一切賢聖
南无初日出然燈月華寶波頭摩金光明身盧
舍那放无导寶光明照十方世界王佛
南无降伏龍佛　南无善調心佛
南无寶聚佛　南无火首佛
南无炎積佛　南无一切光明佛
南无日光佛　南无不可思議佛

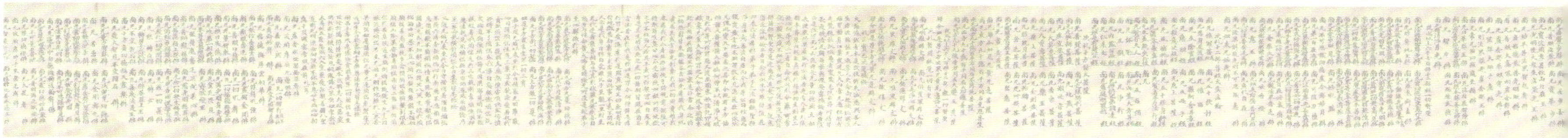

南无日光佛　南无不可思議佛
南无无邊精進佛　南无无邊思惟佛
南无金色華佛　南无善香香佛
南无諍行佛　南无无爾佛
南无无邊智佛　南无賢身佛
南无賢佛　南无見佛
南无无邊威德佛　南无次佛
南无賢安隱佛　南无步羅佛
南无得名佛　南无波頭摩勝佛
南无稱蓮花佛　南无花佛
南无莊嚴佛　南无奮迅佛
南无善見佛　南无善敵對佛
南无善護世佛　南无无邊威德佛

南无善護世佛　南无无邊威德佛
南无第一勝佛　南无善行佛
南无无量威德佛　南无妙勝佛
南无勝供養佛　南无火奮迅智自在王佛
南无電光佛　南无照一切佛
南无不可思議佛　南无无量色佛
南无无量光佛　南无善光華敷身佛
南无須弥山波頭摩勝王佛　南无求名發聲脩行佛
南无一切寶摩尼王炎光明佛　南无无垢炎稱成就王佛
南无香寶光明佛　南无離諸煩惱佛
南无善知佛　南无善見佛
南无寶山莊嚴佛　南无慈行佛
南无閻浮檀幢佛　南无无邊智佛
南无无量威德佛　南无大稱佛

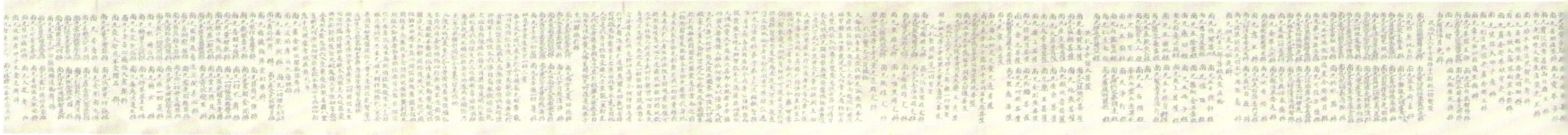

南无无量威德佛　南无大稱佛
南无寶稱佛　南无火光明佛
南无電照光明佛　南无一切種照佛
南无不可量佛　南无日光明佛
南无月照佛　南无功德海佛
南无具足功德佛　南无上行佛
南无无畏佛　南无師子幢佛
南无帝釋幢佛　南无火幢佛
南无善眼佛　南无莊嚴王佛
南无放光明光佛　南无无邊光佛
南无妙光佛　南无普護增上佛
南无雲自在佛　南无自在憶佛
南无日燈佛　南无最佛
南无善生佛　南无无邊不可思議威德佛
南[illegible]

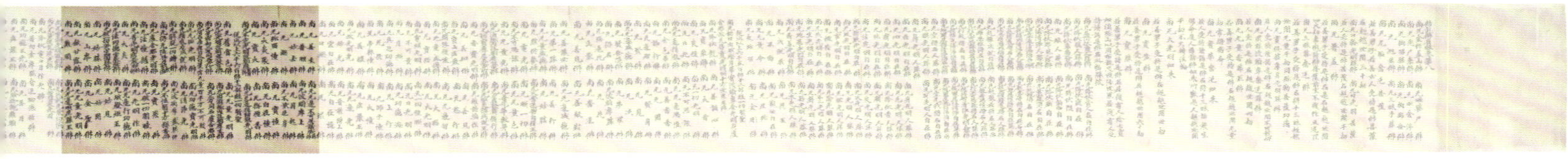

南无善生佛　南无无邊不可思議威德佛
南无普眼佛　南无波頭摩上佛
南无妙去佛　南无月起佛
南无燈佛　南无不歇足身佛
南无弥留幢佛　南无寶幢佛
南无火炎聚佛　南无自在幢佛
南无寶火佛　南无栴檀香佛
南无不空光明波頭摩身佛　南无无邊稱功德光明佛
從此以上六千六百佛十二部經一切賢聖
南无舊當色佛　南无无量光明佛
南无快光明波頭摩敷身佛　南无出須弥山波頭摩王佛
南无星宿劫二万同名光作佛　南无二万同名盧舍那佛
南无同名帝釋日太白星宿无量百千万不可數佛
南无无垢光明佛　南无功德寶光明佛
南无青淨光佛

南无无垢光明佛
南无精進力成就佛
南无解脫一切縛佛
南无得无障㝵力解脫佛
南无盧舍那光明佛
南无法幢懸佛
南无普光明莊嚴勝作佛
南无火炎佛
南无法功德雲燈佛
南无破一切衆生闇勝佛
南无妙勝佛
南无山峯佛
南无飲甘露佛
南无雞頭佛

南无功德寶光明佛
南无清淨光佛
南无波頭摩藏勝佛
南无不怯弱十方稱香佛
南无寶聚佛
南无破一切闇曀佛
南无光明作佛
南无无邊行功德佛
南无然燈炬王佛
南无妙見佛
南无妙聞佛
南无金聖佛
南无无量光明佛
南无无邊眼座勝王佛

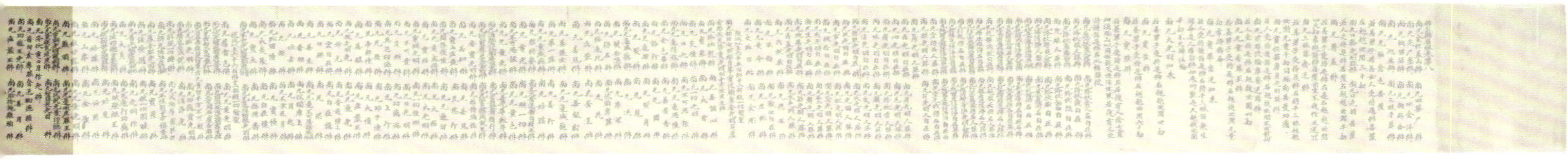

南无難頭佛　南无无邊眼尼勝王佛
南无電照光明羅網佛　南无民戴无量功德佛
南无无量樂說境界佛　南无智勝友光明佛
南无降伏電日月作光佛
南无普因素摩勝奮迅功德積佛
南无功德王光佛　南无善月佛
南无莊嚴王佛　南无賒捨施雞頭佛
南无福德光佛　南无普光上勝山王佛
南无善住摩尼山王佛　南无斷一切煩惱佛
南无釋迦牟尼佛　南无破碎金剛堅固佛
南无寶藏佛　南无龍自在王佛
南无勇猛仙佛　南无寶月佛
南无離垢佛　南无无垢佛
南无勇猛得佛　南无淨佛

南无勇猛得佛　南无淨[illegible]佛
南无梵得佛　南无婆樓那佛
南无婆樓那天佛　南无賢勝佛
南无拘檀勝佛　南无力士佛
南无散善威德勝佛　南无光明勝佛
南无无憂勝佛　南无白素摩勝佛
南无波頭摩樹提奮迅通佛　南无財勝佛
南无念勝佛　南无善說名勝佛
南无因陁羅雞頭幢佛　南无步勝佛
南无善覺步勝佛　南无善步去佛
南无普照莊嚴佛　南无寶華步佛
南无寶波頭摩善住山自在王佛
南无光明幢火衆生莊嚴光王佛
南无妙平等法界智起聲佛
[illegible]

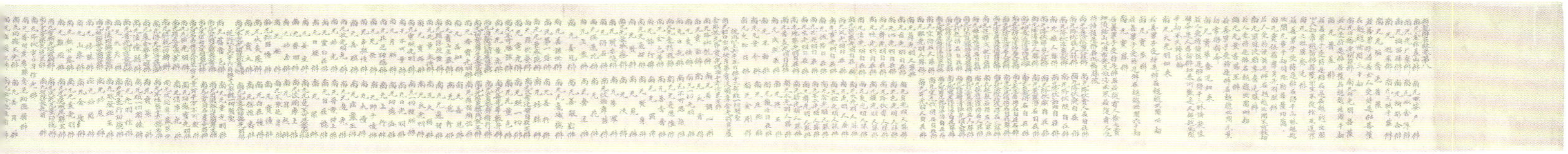

南无妙平等法界智起聲佛
南无廣稱德藏普光明照佛
南无普照大應羅網盧舍那佛
南无盧舍那華眼電光佛
南无最勝大師子意佛
南无到法界勝光盧舍那王佛
南无常无垢功德遍至稱佛
南无日華勝王佛　南无法自在智幢佛
南无廣善无垢威德光聲佛　南无根本勝善道師佛
南无智力佛　南无孫樓威德佛
南无願清淨月光佛
從此以上六千七百佛十二部經一切賢聖
南无法海願出聲光佛　南无寶功德相莊嚴作光佛

南无法海願出聲光佛　南无寶功德相莊嚴作光佛
南无妙聲地主佛　南无勝進斷去佛
南无見衆生歡喜佛　南无不動緣光明盧舍佛集惠
南无普放光明不可思議王佛　南无不著妙功德威德佛
南无速光明梵眼佛　南无解脫精進日光明佛
南无普法身覺惠佛　南无普門照一切衆生門見佛
南无迦那迦无垢光明日炎雲佛　南无因陀羅光明炎幢佛
南无一切地處垢月佛　南无覺虛空平等相佛
南无十方廣應雲幢佛　南无平等平等盧舍那佛
南无宮心慧解脫空王佛　南无成就一切義須弥佛
南无不空步眼見佛　南无妙吼勝佛
南无不可思議功德盧舍那妙月佛
南无第一自在通王佛　南无可信力幢佛
南无法界樹聲智惠佛　南无波頭摩光長善聲佛

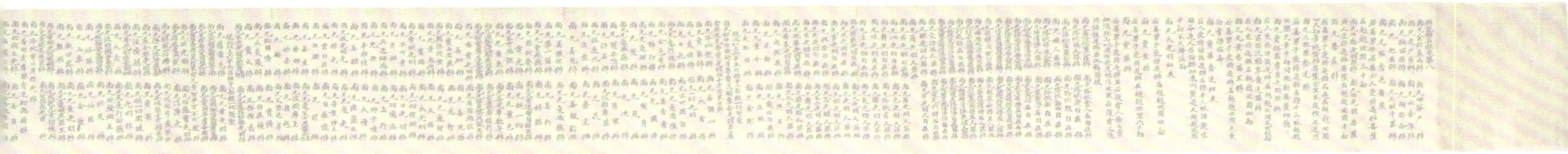

南无法界樹聲智惠佛　南无波頭摩光長善聲佛
南无不退功德海光佛　南无普生妙一切智速佛
南无師子光无量力智佛　南无見一切法清淨勝智佛
南无遠離一切憂惱佛　南无自在妙威德佛
南无金華火光佛　南无觀法界奮迅佛
南无欲樹緊那羅王佛　南无然香燈佛
南无應王佛　南无如來功德普門見佛
南无一切法普奮迅王佛　南无廣化自在佛
南无法界解脫光明不可思議意佛
南无如來无垢光佛
次礼十二部尊經大藏法輪
南无惟羅菩薩經　南无五十扶計經
南无夸身反復經　南无惟留經
南无五陰事經　南无雜阿含丹章經

南无五陰事經　南无雜向舍丹章經

南无惠明經　南无五母子經

南无發意決疑經　南无惠上菩薩經

南无五福施經　南无五十緣身行經

南无薗落憂塞經　南无賢者手力法行經

南无五蓋疑失行經　南无

南无賢首夫人經　南无五百偈經

南无坏喻經　南无内藏大方等經

南无五觀經　南无淨行經

南无内藏百品經　南无俳併父柔調達經

南无仁柔士經　南无難提迦羅越經

南无如是有諸比丘經

次礼十方諸大菩薩

南无普賢菩薩　南无文殊師利菩薩

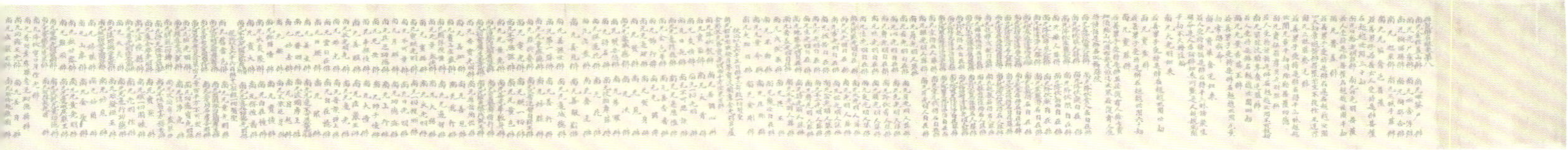

南无普賢菩薩　南无文殊師利菩薩
南无无垢稱菩薩　南无地藏菩薩
南无虚空藏菩薩　南无觀世音菩薩
南无大勢至菩薩　南无香象菩薩
南无大香象菩薩　南无藥王菩薩
南无藥上菩薩　南无金剛藏菩薩
南无解脱月菩薩　南无彌勒菩薩
南无奮迅菩薩　南无无所發菩薩
南无陀羅尼自在王菩薩　南无壓意菩薩
南无无盡意菩薩
南无歸命如是无量无邊菩薩
南无東方九十億百千万同名梵息菩薩
南无南方九十億百千万同名不醉陁菩薩
南无西方九十億百千同名大功德菩薩

南无西方九十億百千同名大功德菩薩
南无北方九十九億千方同名大藥王菩薩
從此以上六千八百佛十二部經一切賢聖
歸命如是等十方世界无量无邊諸大菩薩
次礼聲聞緣覺一切賢聖
南无毗羅辟支佛　南无俱薩羅辟支佛
南无波藪陁羅辟支佛　南无无毒淨心辟支佛
南无寶无垢辟支佛　南无福德辟支佛
南无黑辟支佛　南无唯黑辟支佛
南无直福德辟支佛　南无識辟支佛
歸命如是等十方无量无邊辟支佛
礼三寶已次復懺悔
夫論懺悔者本是改往脩來滅惡興善人
生君世誰能无過學人失念尚起煩惱羅漢

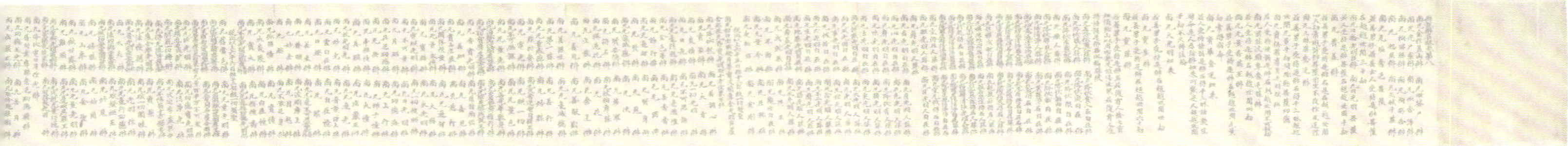

生君世誰能无過學人失念尚起煩惱羅漢
結習動身口業豈况凡夫而當无過但智者
先覺便能改悔愚者覆藏遂使滋蔓所積習
長夜曉悟无期若能慚愧發露懺悔者豈唯
正是滅罪而已亦復增長无量功德樹立如
来涅槃妙果若欲行此法者先當外肅形儀
瞻奉尊像内起敬意緣於想憶切至到生二
種心何等為二一者自念我此形命難可常
保一朝散壞不知此身何時可復若復不值諸
佛諸佛賢聖忽遭逢惡友造衆罪業復應
隨落深坑嶮二者自念我此生中雖得值遇
如来正法為佛弟子弟子之法紹繼聖種
淨身口意善法自居而今我等公自作惡而
復覆藏言他不知謂彼不見隱匿在心慠然

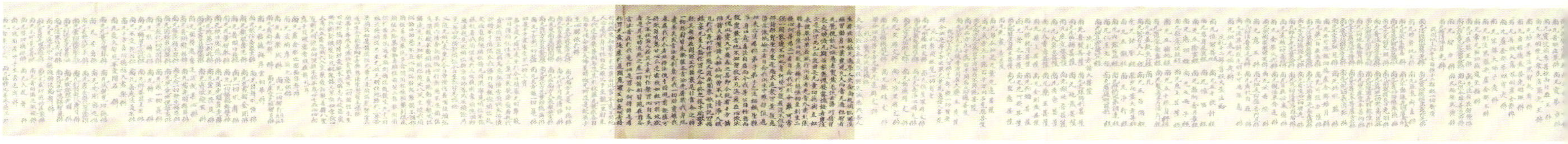

復覆藏言他不知謂彼不見隱匿在心慠然
无愧此實天下愚惑之甚即今現有十方諸
佛諸大菩薩諸大神仙何曾不以清淨天眼
見於我等所作罪惡又復幽顯靈祇注記罪福
纖豪无差夫論作罪之人命終之後牛頭獄卒
錄其精神在閻羅王所辯覈是非當尒之時
一切怨對皆來證據各言汝先屠殺我身炮
煮蒸炙或言汝先剝奪於我一切財寶離我
眷屬我於今者始得汝便于時現前證據何
得敢諱唯應甘心分受宿殃如經所明地獄
之中不枉治人若其平素所作衆罪心自忘失
者是其生時造惡之處一切諸相皆現在前各
言汝昔在於我邊作如是罪今何得諱是為
作罪无藏隱處於是閻魔羅王切齒呵責將

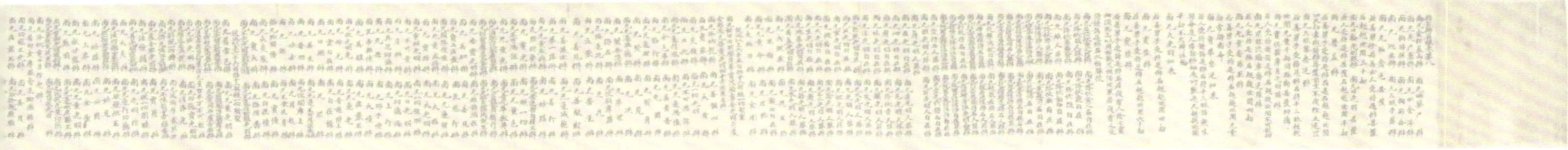

作罪无藏隱處於是閻魔羅王切齒呵責將
付地獄歷劫窮年求出莫由此事不遠不開他
人正是我身自作自受雖父子至親一旦對至
无代受者衆善相与及其形狀體无衆疾各自
慇力与性命覺大怖至時悔无所及是故弟子
至心歸依於佛
南无東方破疑淨光佛　南无南方无憂功德佛
南无西方華嚴神通佛　南无北方月殿清淨佛
南无東南方破一切闇佛　南无西南方大哀觀衆生佛
南无西北方香氣發光明佛　南无東北方无量功德海佛
南无下方斷一切疑佛　南无上方離一切憂佛
如是十方盡虛空界一切三寶
弟子從无始以來至於今日積聚无明障蔽
心目隨逐煩惱性造三業罪或耽染愛著起於

心目隨煩惱性造三業罪或耽染愛著起於
貪欲煩惱或復瞋恚忿怒懷害煩惱或惛憒
瞪瞢不了煩惱或我慢自高輕慠煩惱疑
惑正道猶豫煩惱謗无因果耶見煩惱不識
緣假着我煩惱迷於三世執斷常煩惱朋神
惡法起見取煩惱稟耶師造戒取煩惱乃
至一等四執橫計煩惱今日至誠皆悉懺悔
又復无始以來至於今日守惜堅着慳悋煩惱
不攝六情奢誕煩惱心行弊惡不忍煩惱
怠墮緩縱不勤煩惱猜慮躁動覺觀煩惱
觸境迷惑无知解煩惱隨世八風生彼我煩
惱諂曲面譽不直心煩惱橫麁難觸不調和
煩惱易忿難悅多含恨煩惱嫉妬擊刺很戾
煩惱凶險暴害諂毒煩惱乖背二諦執相煩

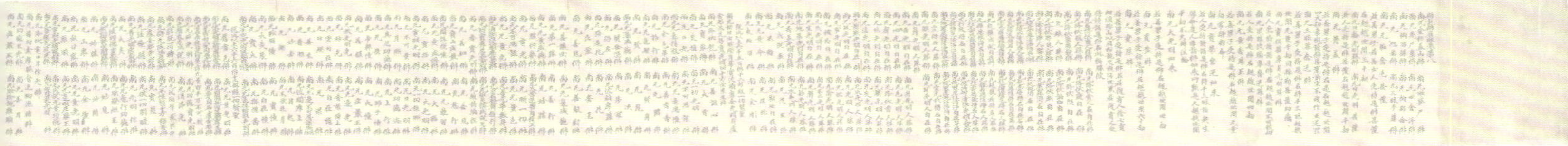

煩惱五險果害韻毒煩惱乖背二諦執相煩
惱於苦集滅道生顛倒煩惱隨從生死十二因
緣流轉煩惱乃至无始无明住地攝於三界苦
果煩惱如是諸煩惱无量无邊煩惱亂賢聖六
道四生今日發露向十方佛尊法聖衆皆悉懺悔
願弟子等承是懺悔貪瞋癡等一切煩惱生生
世世折憍慢幢竭愛欲水滅瞋恚火破愚癡
闇拔斷疑根裂諸見網深識三界猶如牢獄四
大毒蛇五陰怨賊六入空聚愛詐親善脩八聖
道斷无明源正向涅槃不休不息卅七品心心相
應十波羅蜜常現在前 礼一拜
南无盧舍那世間輪勝聲佛
南无波頭摩勝无邊眼佛
南无善樂成佛 南无一切智行境界惠佛

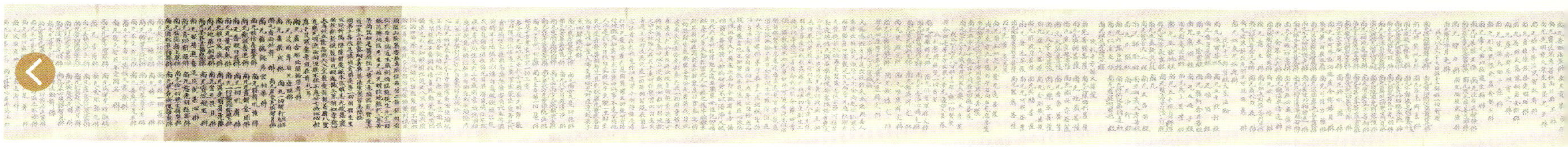

南无喜樂成佛　南无一切智行惠佛 境界
南无廣窮妙聲佛　南无虛空无垢智月佛
南无福德海厚雲相華佛
南无能作喜勝雲佛　南无勝聲吼幢佛
南无觀眼奮迅王佛　南无无盡智金剛佛
南无普眼日藏佛　南无一切吼聲佛
南无无量智身佛　南无一切福德弥樓上佛
南无根日成德佛　南无滿光明身光佛
南无地第一相花佛　南无雲无畏見佛
南无平等言語難聞佛　南无寶然燈王佛
南无堅精進奮迅成就義心佛
南无普照觀稱佛　南无慈光明稱勝佛
南无福德稱上勝佛　南无念一切衆生稱勝佛
南无須弥步稱勝佛　南无畢竟慚愧稱上勝佛

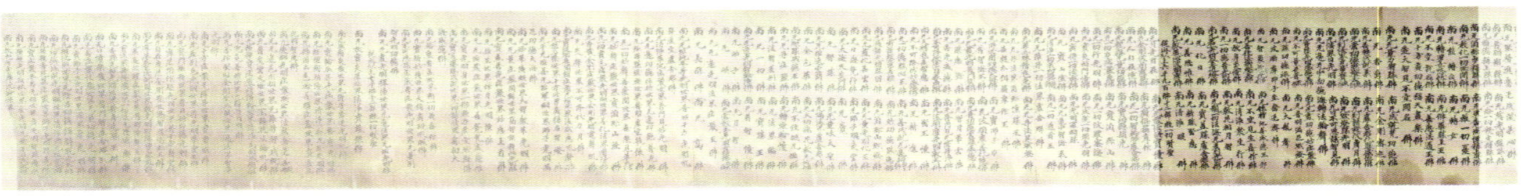

南无須彌步稱勝佛　南无畢竟慚愧稱上勝佛
南无教化一切世間佛　南无離一切憂佛
南无能轉台佛　南无轉女佛
南无轉男女降伏佛　南无佛華勝上王佛
南无不空說名佛　南无善惠法通王佛
南无十方廣功德稱天盡業佛
南无愛大智見不空聞名佛
南无无量力智勝佛　南无成就梵功德佛
南无香鳥佛　南无金剛密迹佛
南无善轉成就義佛　南无盧舍那化勝威德佛
南无常功德然燈大德佛　南无到諸疑彼岸月佛
南无到法界无量聲德佛　南无然燈勝光明佛
南无法界日光明佛　南无日不可思議智見佛
南无无邊无中功德海轉法輪聲佛

南无邊无中如德海轉法輪產　佛
南无寶勝光明威德王佛　南无无盡功德妙莊嚴佛
南无不可量力普光佛　南无普明滿足猷燈佛
南无勝功德炬佛　南无大龍聲　佛
南无波頭摩師子坐奮迅聲佛
南无智聚覺光佛　南无住持地善威德王佛
南无善住法然燈王佛　南无不空見生喜作佛
南无放身炎幢佛　南无清淨衆生行佛
南无一切德普光明佛　南无敷花相月智　佛
南无第一无明金摩燈佛　南无觀一切法海无差別光明佛
南无化日佛　南无寶蓋勝盧舍那佛
南无善思惟佛　南无精勝堅惠　佛
南无敷華心波頭摩佛　南无清淨眼　佛
從此以上六千九百佛十二部經一切賢聖

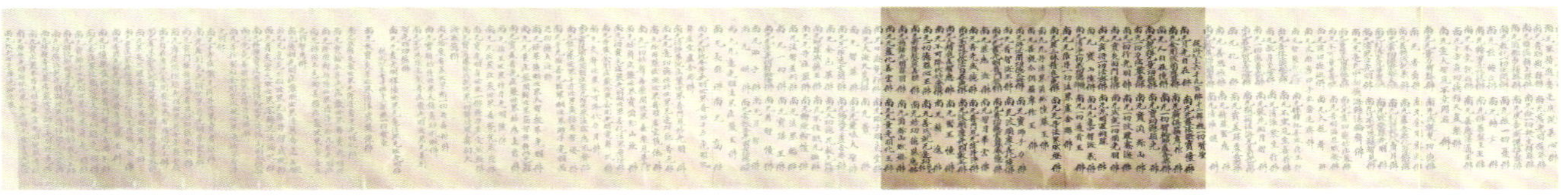

從此以上六千九百佛十二部經一切賢聖
南无月光自在佛　南无无盡法海寶幢佛
南无金剛波頭摩勝佛　南无廣俱蘇摩作佛
南无人自在幢佛　南无一切智輪照盧舍那佛
南无龍稱无量功德佛　南无寶功德願光佛
南无一切力莊嚴惠佛　南无寶須弥山佛
南无一切行光明佛　南无一切波羅蜜海佛
南无寶炎面門幢佛　南无成就一切願光明佛
南无廣得一切法齊佛　南无光明羅網勝佛
南无寶山幢佛　南无无邊中智海義佛
南无清淨一切義功德幢佛　南无一切通首王佛
南无无障㝵一切法界盧舍那佛
南无勝三昧精進惠佛　南无无㝵法界然燈佛
南无无㝵法界須弥幢勝王佛

南无无身法界須弥幢勝王佛
南无菩提分俱蘇摩作王佛
南无得世間功德大海佛　南无寶師子力佛
南无普智海王佛　南无波頭摩善化幢佛
南无无盡光明普門莊嚴佛　南无普功德雲勝威德佛
南无勝惠海佛　南无智月華雲佛
南无香光威德佛　南无普門見无等身淨佛
南无不可降伏法自在惠佛　南无波頭摩光明數王佛
南无大精進善智惠佛　南无堅王幢佛
南无不可降伏妙威德佛　南无精進佛
南无一切德勝心王佛　南无善成就无邊功德王佛
南无斷諸疑廣善眼佛　南无妙功德勝惠佛
南无過諸光明勝明佛　南无須弥山然燈佛
南无无盡化善雲佛　南无无量光明化王佛

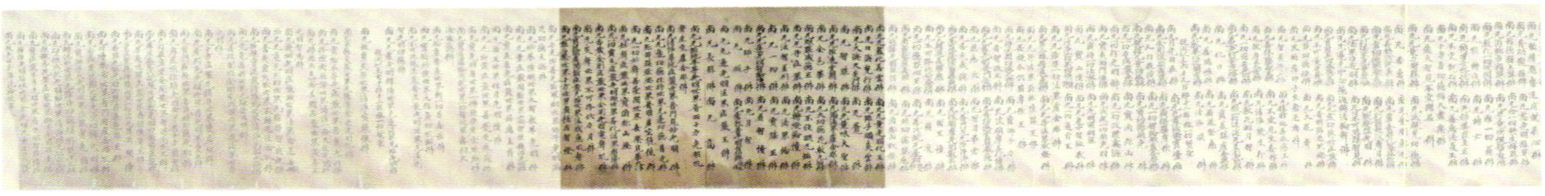

南无无盡化善雲佛　南无无量光明化王佛
南无日海梵行佛　南无師子眼奕雲佛
南无大海天奕門佛　南无覺佛
南无智勝佛　南无无量味大聖佛
南无无垢速雲聞佛　南无滿法界盧舍那佛
南无金色華佛　南无大功德花敷无垢佛
南无照勝威德王佛　南无不住眼无垢佛
南无无身莊嚴佛　南无轉燈輪幢佛
南无法智差別佛　南无法界輪佛
南无一切佛　南无寶勝王佛
南无无邊光明智輪幢佛　南无着智幢佛
南无師子佛　南无月智佛
南无照佛　南无常放普光明吉功德海王佛
南无无邊光明法界莊嚴王佛

南无无邊光明法界莊嚴王佛
南无長聲佛　南无高佛
南无无垢地平等光明世界普照十方光明吼
聲虛空盧舍那佛
南无清淨華池莊嚴世界普門見妙光明佛
南无无邊功德住持世界无邊功德普光佛
南无弥留勝妙燈世界普明虛空鏡像佛
南无一切妙聲善愛聞世界喜樂見華光佛
南无妙聲莊嚴世界寶須弥山燈佛
南无一切寶色莊嚴光明照世界善化法界聲幢佛
南无香藏金剛莊嚴世界金剛光明雷聲吼佛
南无炎聲世界不可降伏力月佛
南无寶波頭摩間錯莊嚴无垢世界法城惠吼聲佛
南无能与樂世界十方世界廣稱名智燈佛

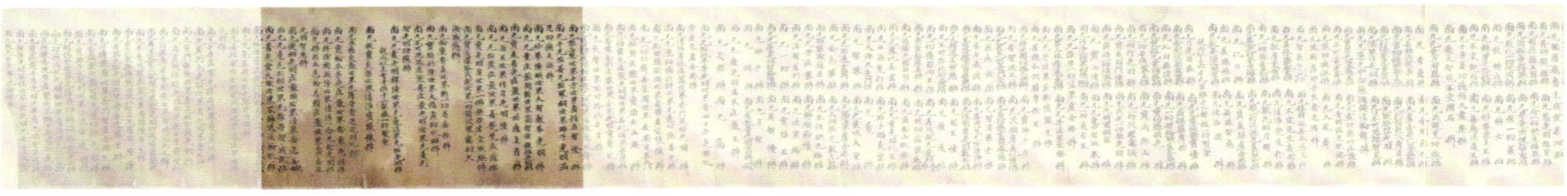

南无能与樂世界十方世界廣稱名智燈佛
南无手无垢善无垢羅網世界師子光明滿
足功德大海佛
南无妙華幢照世界大智敷華光明佛
南无无量莊嚴間錯世界高智種種佛光明佛
南无寶蓋普光莊嚴世界妙惠上首佛
南无隨王世界作月光明幢佛
南无无垢藏莊嚴世界善覺梵威德佛
南无寶光明身世界一佛種力虛空然燈佛
南无寶道瓔珞成就世界一切諸波羅蜜相大
海威德佛
南无輪塵普蓋世界斷一切着喜作佛
南无寶隨妙幢世界大稱廣功吼照佛
南无不可思議莊嚴普莊嚴光明世界无差別

南无寶[illegible]如[illegible]

南无不可思議莊嚴普莊嚴光明世界无差別

智光明功德佛

南无无盡光明稱幢世界无邊法界无垢光明佛

從此以上七千佛十二部經一切賢聖

南无放寶炎華世界清淨寶鏡像佛

南无威德炎藏世界无障㝵奮迅光明吼佛

南无寶輪平等光莊嚴世界普寶光明佛

南无稱種樹驗幢世界清淨一念无是光明佛

南无佛國土色輪善脩莊嚴世界廣喜見

光明智惠佛

南无微細光明莊嚴勝世界法身奮迅善觀佛

南无无邊色形相世界无障㝵智成就佛

南无普炎雲火燃世界不轉退法輪吼佛

南无邊色形相世界无……
南无普炎雲火然世界不轉退法輪吼佛
南无種種寶莊嚴清淨輪世界清淨色相威德佛
南无究竟善脩世界无障㝵日眼佛
南无善作堅固金剛坐成就世界過法界智身
光明佛
南无十方莊嚴无障㝵世界寶廣炬佛
南无差別色光明世界普光明華雲王佛
南无寶門種種世界普見妙功德光明佛
南无摩尼須作驕光明世界普十方聲雲佛
南无自在摩尼金剛藏世界智勝須弥王佛
南无摩尼衣坐成就勝世界放光明功德寶莊嚴佛
南无華宴波羅莊嚴世界普智幢聲王佛
南无寶莊嚴種種藏世界一切法无畏然燈佛
南无香勝无垢光明世界普喜速勝王佛

南无香勝无垢光明世界普喜速勝王佛
南无日幢樂藏世界普門智盧舍那乳佛
南无香莊嚴杖藏世界无量功德光明佛
南无寶師子火光明世界法界雷光明佛
南无相杖照世界无障㝵功德稱解脫光王佛
南无功德成就光明照世界清淨眼无垢燄佛
南无種種香花勝莊嚴世界師子光明勝光佛
南无寶莊嚴平等光明世界廣光明智勝幢佛
南无種種光明願杖世界金光明无量力日成就佛
南无放光白素摩沈淪世界

癸未年八月十一日於經藏內再點勘經教現有部袟
數目具錄如後者
大般若經一部六十袟金字題并錦袟子 欣
內卌一袟欠 又卌六袟內欠弟三百五十二卷 又卌八袟欠
弟四百七十三卷 又五十三袟內欠弟五百廿八卷 五十四
袟 五十七袟 五十九袟 六十袟 上件欠經全
五袟 又袟內欠共叁卷
又大般若一部布袟 弟一袟內欠弟五 弟九 兩卷

又大般若一部六十袟　第一袟內欠第五　第九　兩卷
第三袟內欠廿八卷　第四袟內欠卅一　卅九　卌卷
第九袟內第八十二卷　第十二袟內欠第一百十三
卷　第十三袟內欠第一百二十五　一百卅　兩卷
第十五袟內欠第一百卌五卷　第廿袟內欠一百九十八卷
廿一袟內欠第二百一卷　二百六卷　二百九卷
廿四袟內欠第二百卅九卷　廿七袟內欠第二百七十卷
廿八袟內欠第二百七十五　二百七十九　兩卷　廿九袟內欠
二百八十八卷　卅袟內欠第二百九十五　第三百卷
卅一袟內欠第三百十卷　卅三袟內欠第三百廿三　第
三百廿五　兩卷　卅九袟內欠第三百八十四卷

三百廿五兩卷　廿九袟內欠第三百八十四卷
卅一袟內欠第四百十卷　卅五袟內欠四百卅七卷
五十七袟內欠第五百六十六卷　五十八袟內欠第
五百七十一卷　五百七十六卷　五十九袟內欠第五百
八十八卷　已上[redacted]丞袟欠經共計叁拾貳卷
上兩部般若經在西面藏內存
大方等大集經[redacted]部六袟　欠五十九六十兩卷　在
南面藏內[redacted]上層并錄袟　大方廣佛華嚴經一部八十卷袟并錄袟
在南面藏內上層　究竟大悲經四卷　佛藏經
四卷　又佛藏經[redacted]重有第一第二兩卷　上二經十卷同袟
在南面上層藏下　大通方廣懺悔滅罪莊嚴成佛

在南面上層 大通方廣懺悔滅罪莊嚴成佛經

一部上中下三卷 又重有上卷 下卷 无量壽觀經一

卷 大方廣華嚴十惡經一卷 思惟要略本 思憶經一

部四卷 通一卷 內金字題 新舊 大迦葉經上下兩卷通一卷內

又重有下卷 上下卷 五 十二卷 經同袟 在南面下層

大佛頂如來密因修證了義諸菩薩萬行首楞嚴經一部

內欠第三第十兩卷 得 在南面下層 文殊師利所說般若

經一卷 內有四十六紙 大乘密嚴經一部上中下三卷通計一卷 佛說

長者女菴提遮師子吼了義經一卷 遺教經論一卷

大乘稻芊經 重有 兩卷 入集月燈經要略一卷 藥師經一卷

阿彌陀經一卷 首羅比丘經一卷 讃僧功德經一卷 大佛

大方等 大雲請雨經一卷

頂呪一卷 諸星母陀羅尼經一卷 延壽命經一卷

五卷

頂吼一卷 諸星母陀羅尼經一卷 [illegible]延壽命經一卷

長上十五卷同袟 在南面藏下[illegible]層 厶 諸法无行經第一第二

虛空孕菩薩經卷上 摩登伽經卷中 菩薩處胎經卷

第三 大方等大集賢護經卷第四 重有 觀彌勒菩薩上生

覺乘陁經一卷 善辯菩薩所問經卷上 大乘方便經卷上

觀佛三昧海經卷第一上十經同袟 在南面藏下層 厶 金剛般若波羅 重有

蜜經一卷 摩訶衍經第廿一 菩薩見實三昧經卷第

七 賢愚經第三第九 雜寶藏經第五第七 樓集

百怨經第二第四 楞伽阿跋多羅寶經一切佛語心品

第一 衆經目録卷第二 [illegible] 上十二卷同袟 在南面藏下層

菩薩見實三昧經十四卷 共一袟 在南面藏下層 白帋無表軸

大菩薩藏經兩袟廿卷 白帋无表軸 在南面藏下層 華首經

一袟 ……軸 在南面藏下層 大乘同性經卷下

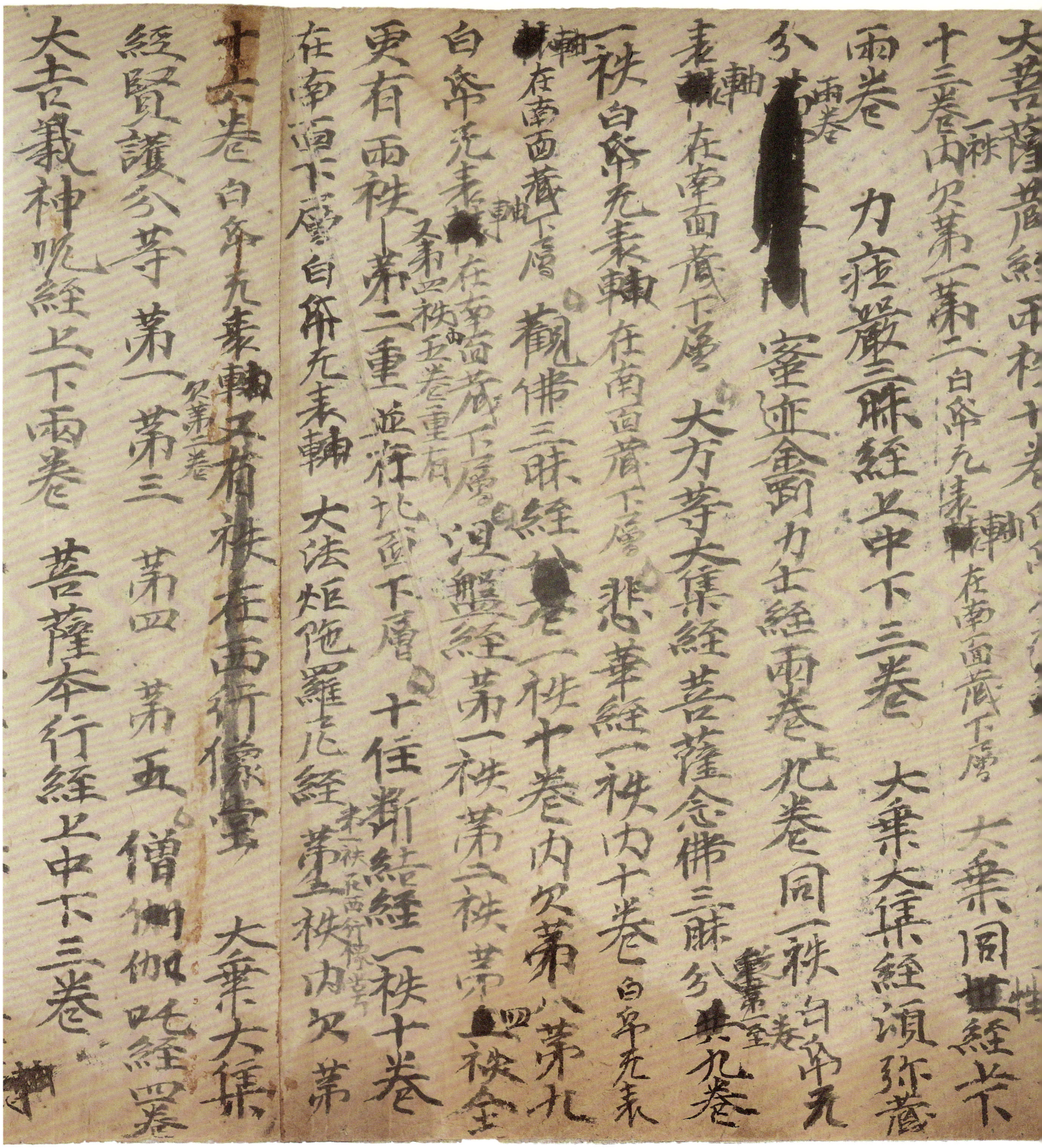

大菩薩藏經兩袟十二卷……大乘同性經上下
十二卷一袟內欠第一第二 白麻紙九表軸 在南面藏下層 大乘大集經須彌藏
兩卷 力莊嚴三昧經上中下三卷
分 兩卷 密迹金剛力士經兩卷上九卷同一袟 白麻紙九
表軸 在南面藏下層 大方等大集經菩薩念佛三昧分 少第一至□卷 共九卷
一袟白麻紙九表軸 在南面藏下層 悲華經一袟內十卷 白麻紙九表
軸 在南面藏下層 觀佛三昧經十卷一袟十卷內欠第八第九
白麻紙九表軸 又第四袟五卷重有 在南面藏下層 涅槃經第一袟第二袟第四 上袟全
更有兩袟第二重 近在北面下層 十住斷結經一袟十卷
在南面下層 白麻紙九表軸 大法炬陀羅尼經 第一袟在西行像北 第一袟內欠第
十六卷 白麻紙九表軸又有袟在西行像北 大乘大集
經賢護分等 第一 欠第二卷 第三 第四 第五 僧伽吒經四卷
大吉義神呪經上下兩卷 菩薩本行經上中下三卷

BD00841v-1 癸未年八月十一日於經藏内再點勘經教現有部袟數目

大吉義神呪經上下兩卷　菩薩本行經上中下三卷
大方廣三戒經　第二　第三　十五卷共一袟白綀无表軸
在南面藏下層　法華經兩袟在北藏下層　○大智度論卷
第卅五　瑜伽師地論卷第十八　阿毗達磨集論
卷第四　顯揚聖教論卷第二　同袠在北面藏上層
入楞伽經七卷　在北面藏下層　大方廣佛華嚴經一袟
七卷　在南面藏下層　大寶積經一部十二袟　又第十一袟
內欠一百四卷　在南面藏上層○佛說海龍王經四卷一大方
等無相經六卷同一袟白綀无表軸在南面藏○小品般若
一部十卷一袟全又一袟　第八十卷　藏
○放光般若經三十卷三袟　內欠第　第六　第十二　第十六
第廿八共四卷　其三袟內　欠般若欠數目
○摩訶般若經

第廿八卅四卷　又三袟四卷[redacted]　摩訶般若注四

四袟全　光讚般若注十五卷一袟　内欠第八第十一

第十五　三卷　勝天王般若波羅蜜經壹部七卷全

又有一袟[redacted]　道行般若

經一部十袟卷内欠第二第[redacted]第五等三卷　上六部般若

經並在北面藏内下層

入楞伽經一袟内欠第八第九第十　大乘入楞伽經一袟

部七卷内欠第一第五　維摩詰經[redacted]上　所說兩部全

兩部經並在北藏下層内　金光明經一部四卷全　在北藏下層

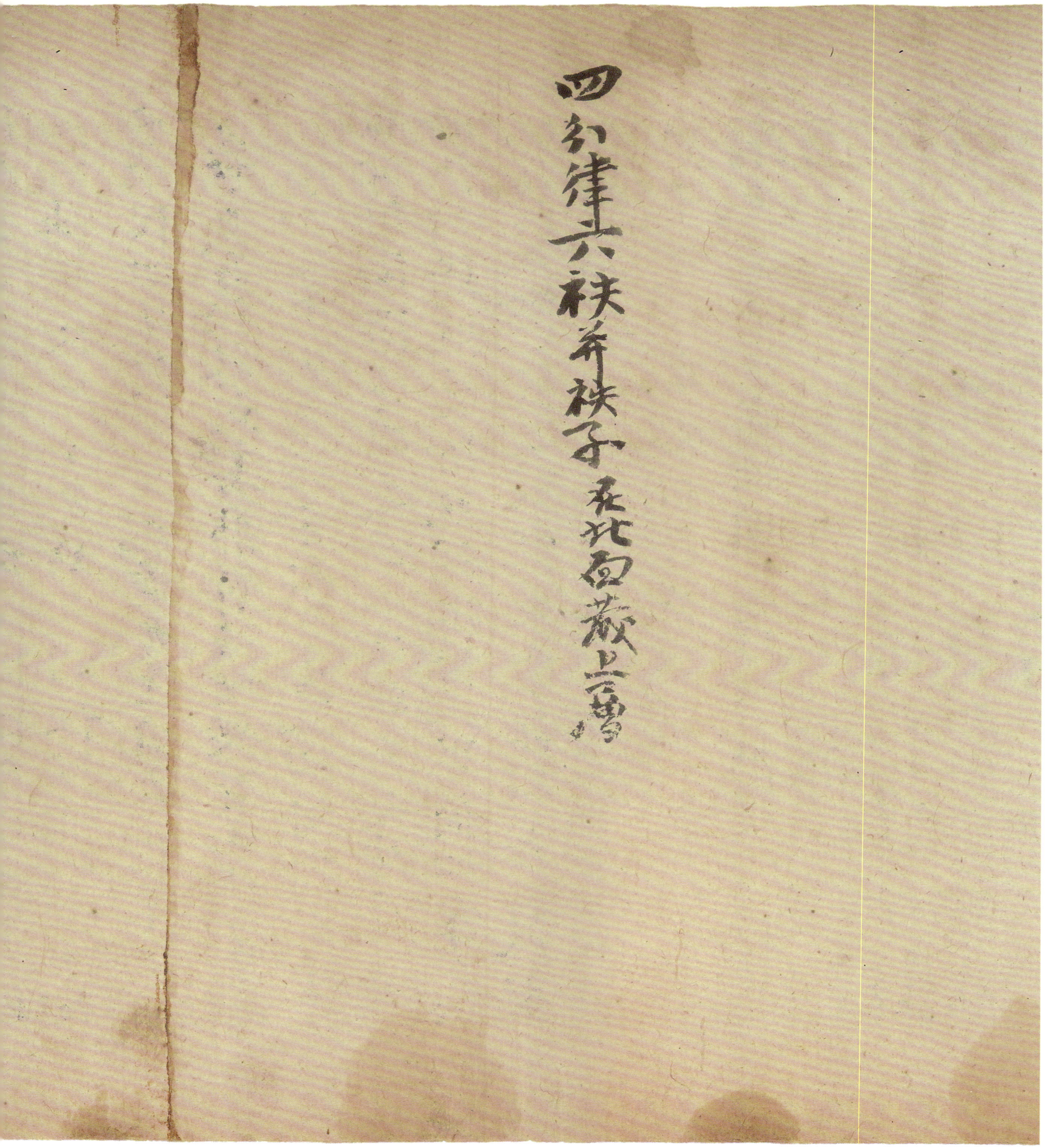

BD00841v-1　癸未年八月十一日於經藏内再點勘經教現有部袟數目

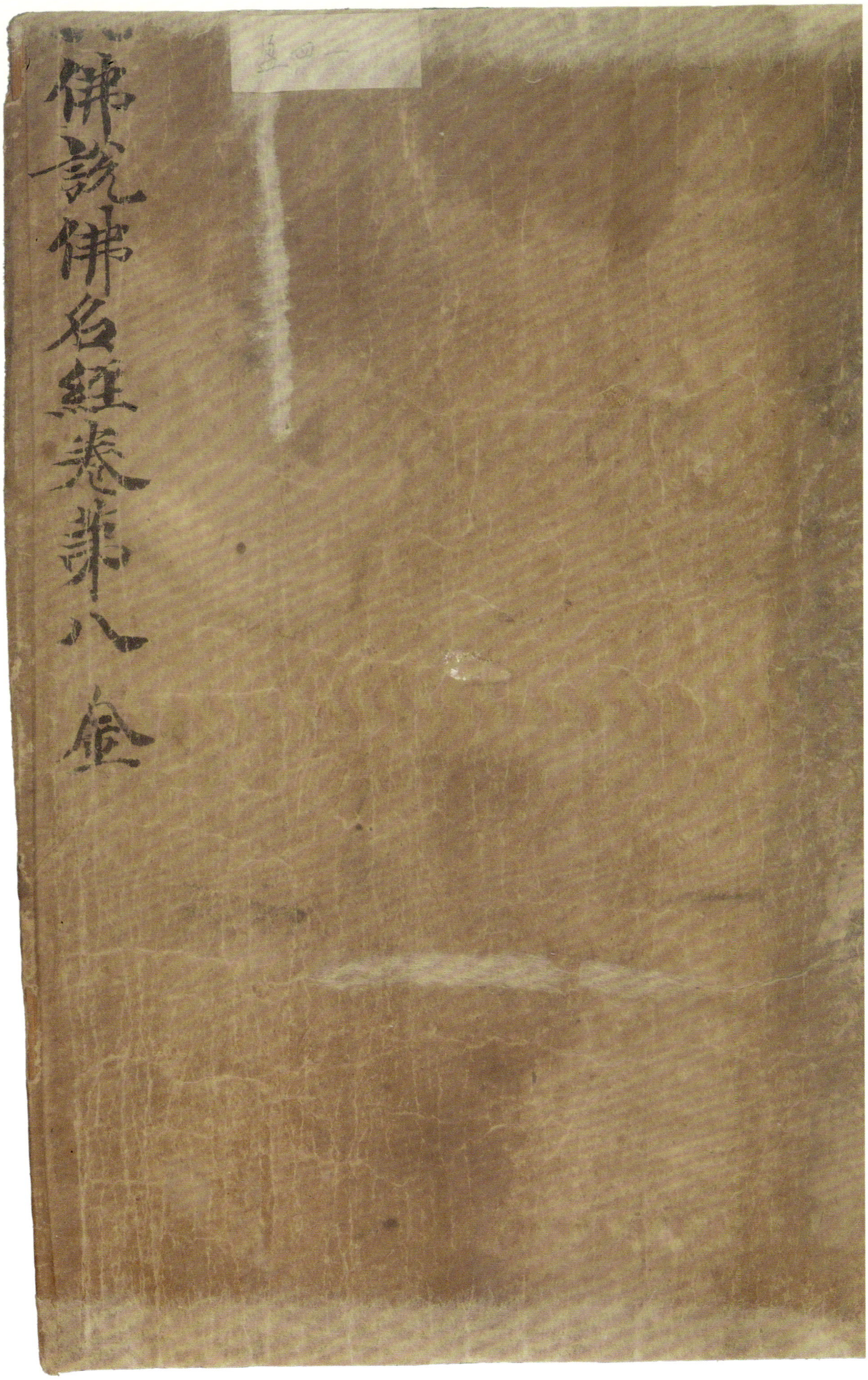

BD00841v-2　佛名經卷八外題

BD00842 大般涅槃經卷一四

（南朝宋）慧嚴等 編

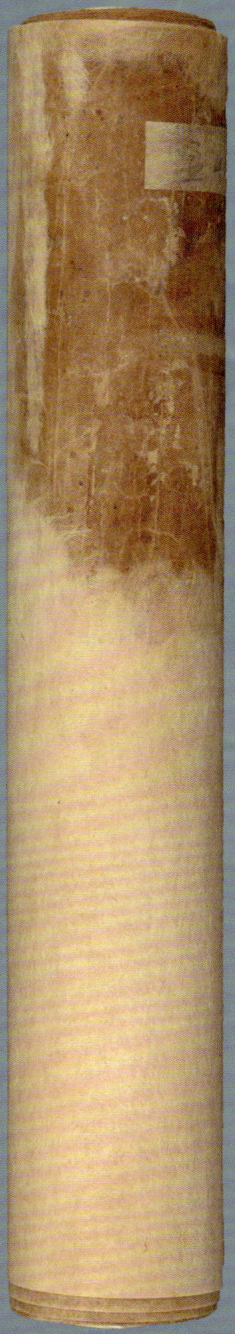

667.5cm × 27.2cm

說十一如爲薩[illegible]
十一或時具說十二
等具說十二无明亦
一因緣爲衆生故種
如是善男子以是義故於諸如來深秘行處
不應生疑善男子如來世尊有大方便无常
說常常說无常說樂爲苦說苦爲樂不淨說
淨淨說不淨我說无我无我說我於非衆生
說爲衆生於實衆生說非衆生非物說物物
說非物非實說實實說非實非境說境境說
非境非生說生生說非生乃至无明說明明
說无明色說非色非色說色非道說道道說
非道善男子如[illegible]

其人自化其身作轉輪王於无量歲隨其所
須種種供給然後教化令其安住阿耨多羅
三藐三菩提若有衆生貪著五欲於无量歲
以妙五欲充足其情然後勸化令其安住阿
耨多羅三藐三菩提若有衆生榮豪自貴我
於其人无量歲中爲作僮使趍走給侍得其
心已即復勸化令其安住阿耨多羅三藐三
菩提若有衆生性佷自是須人呵諫我於无
量百千歲中教呵諫喻令其心調然後復勸
令其安住阿耨多羅三藐三菩提善男子如
來如是於无量歲以種種方便令諸衆生安
住阿耨多羅三藐三菩提豈虛妄耶諸佛如
來雖處衆惡无所染汙猶如蓮華善男子應

来雖處衆惡无所染汙猶如蓮華善男子應
如是知四无量義善男子是无量心體性有
四若有脩行生大梵處善男子如是无量伴
侶有四是故名四夫脩慈者能斷貪欲脩悲
心者能斷瞋恚脩喜心者能斷不樂脩捨心
者能斷貪欲瞋恚衆生善男子以是義故得
名爲四非一二三善男子如汝所言慈能斷
瞋悲亦如是應説三者汝今不應作如是難
何以故善男子恚有二種一能奪命二能鞭
撻脩慈則能斷彼奪命脩悲則能除彼鞭撻
善男子以是義故豈非四耶復次瞋有二種
一瞋衆生二瞋非衆生脩慈心者斷瞋衆生
脩悲心者斷非衆生復次瞋有二種一有因
緣二无因緣脩慈心者斷有因緣脩悲心者

集二於現在今始積集脩慈心者能斷過去
脩悲心者斷於現在復次瞋有二種一瞋聖
人二瞋凡夫脩慈心者斷瞋聖人脩悲心者
斷瞋凡夫復次瞋有二種一上二中脩慈斷
上脩悲斷中善男子以是義故則名爲四何
得難言應三非四是故迦葉是无量心伴侣
相對分別爲四復以器故應名爲四器若有
慈則不得有悲喜捨心以是義故應四无減
善男子以行分別故應有四若行慈時无悲
喜捨是故有四善男子以无量故亦得名四
夫无量者則有四種有无量心有緣非自在
有无量心自在非緣有无量心亦緣亦自在
有无量心非緣非自在何等无量有緣非自

有无量心自在非緣有无量心亦緣亦自在
有无量心非緣非自在何等无量有緣非自
在緣於无量无邊衆生而不能得自在三昧
雖得不定或得或失何等无量自在非緣如
緣父母兄弟姊妹欲令安樂非无量緣何等
无量亦緣亦自在謂諸佛菩薩何等无量非
緣非自在聲聞緣覺不能廣緣无量衆生亦
非自在善男子以是義故名四无量非諸聲
聞緣覺所知乃是諸佛如來境界善男子如
是四事聲聞緣覺雖名无量少不足言諸佛
菩薩乃得名爲无量无邊
迦葉菩薩白佛言世尊如是如是實如聖教
諸佛如來所有境界非諸聲聞緣覺所及世
尊頗有菩薩住於大乘大般涅槃得慈悲心

於諸衆生中三品分別一者親人二者怨憎
三者中人於親人中復作三品謂上中下怨
憎亦尒是菩薩摩訶薩於上親所與增上樂
於中下親亦復平等與增上樂於上怨所與
少分樂於中怨所與中品樂於下怨所與增
上樂菩薩如是轉增脩習於上怨所與中品
樂於中下怨等與增上樂轉復脩集於上中
下等與上樂若上怨所與上樂者尒時得名
慈心成就菩薩尒時於其父母及上怨所得
平等心无有差別善男子是名得慈非大慈
也世尊何緣菩薩得如是慈猶故不得名爲
大慈善男子以難成故不名大慈何以故久
於過去无量劫中多集煩惱未脩善法是故

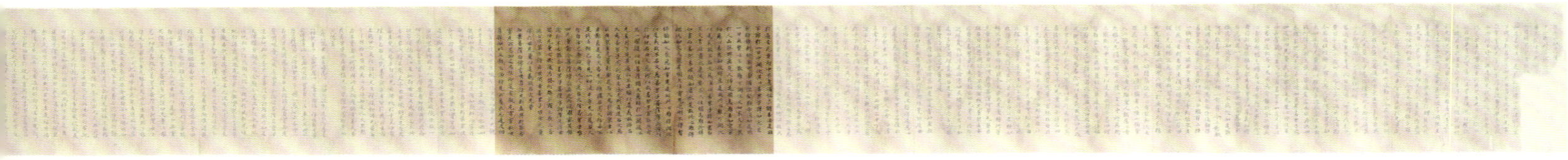

於過去无量劫中多集煩惱未脩善法是故
不能於一日中調伏其心善男子辟如究豆
乾時錐刺終不可着煩惱堅鞕亦復如是雖
一日夜繫心不散難可調伏又如家犬不畏
於人山林野鹿見人怖走瞋恚難去如守家
狗慈心易失如彼野鹿是故此心難可調伏
以是義故不名大慈復次善男子辟如畫石
其文常在畫水速滅勢不久住瞋恚難除辟
如畫石善根易滅猶如畫水是故此心難得
調伏如大火聚其明久住電光之明不得暫
停瞋如火聚慈如電光是故此心難得調伏
以是義故不名大慈善男子菩薩摩訶薩住
於初地名曰大慈何以故善男子最極惡者
名一闡提初地菩薩脩大慈時於一闡提心

大慈善男子爲別衆生除无利益是名大慈
欲與衆生无量利樂是名大悲於諸衆生心
生歡喜是名大喜无所擁護名爲大捨若不
見我法相己身見一切法平等无二是名大
捨自捨己樂施與他人是名大捨善男子唯
四无量能令菩薩增長具足六波羅蜜其餘
諸行不必能尒善男子菩薩摩訶薩先得世
間四无量心然後乃發阿耨多羅三藐三菩
提心次第方得出世間者善男子因世无量
得出世无量以是義故名大无量
迦葉菩薩白佛言世尊除无利益與利樂者
實无所爲如是思惟即是虚觀无有實利世
尊辟如比丘觀不淨時見所著衣悉是皮相

尊譬如比丘觀不淨時見所著衣悉是皮相
而實非皮所可食噉皆作虫相而實非虫觀
大豆羹作下汁相而實非糞觀所食酪猶如
髓腦而實非腦觀骨碎末猶如麨相而實非
麨四无量心亦復如是不能真實利益衆生
令其得樂雖口發言與衆生樂而實不得如
是之觀非虛妄耶世尊若非虛妄實與樂者
彼諸衆生何故不以諸佛菩薩威德力故一
切受樂若當真實不得樂者如佛所說我念
往昔獨脩慈心逕此劫世七反成壞不來此
生世界成時生梵天中世界壞時生光音天
若生梵天勢力自在无能摧伏於千梵中最
勝最上名大梵王有諸衆生皆於我所生最

若不實者云何得與此義相應佛言善哉善
哉善男子汝真勇猛无所畏懼即為迦葉而
說偈言
若於一衆生　不生瞋恚心　而願與彼樂　是名為慈善
一切衆生中　若起於悲心　是名聖種性　得福報无量
設使五通仙　慈滿此大地　有大自在主　奉施其所安
象馬種種物　所得福報果　不及脩一慈　十六分中一
善男子夫脩慈者實非妄想諦是真實若是
聲聞緣覺之慈是名虛妄諸佛菩薩真實不
虛云何知耶善男子菩薩摩訶薩脩行如是
大涅槃者觀土為金觀金為土地作水相水
作地相水作火相火作水相地作風相風作
地相隨意成就无有虛妄觀實衆生為非衆

地相隨意成就无有虛妄觀實衆生爲非衆
生觀非衆生爲實衆生悉隨意成无有虛妄
善男子當知菩薩四无量心是實思惟非不
真實復次善男子云何名爲真實思惟謂能
斷除諸煩惱故善男子夫脩慈者能斷貪欲
脩悲心者能斷瞋恚脩喜心者能斷不樂脩
捨心者能斷貪恚及衆生相以是故名真實
思惟復次善男子菩薩摩訶薩四无量心能
爲一切諸善根本善男子菩薩摩訶薩若不
得見貧窮衆生无緣生慈若不生慈則不能
起慈施之心以施因緣令諸衆生得安隱樂
所謂飲食車乘衣服華香牀卧舍宅燈明如
是施時心无繫縛不生貪著必定迴向阿耨

无斷[illegible]故行布施
樂不生憍慢不望反報不爲誑他故行布施
不求富貴凡行施時不見受者持戒破戒是
田非田此是知識此非知識施時不見是器
非器不擇日時是處非處亦復不計飢饉豊
樂不見因果此是衆生此非衆生是福非福
雖復不見施者受者及以財物乃至不見斷
及果報而常行施无有斷絶善男子菩薩若
見持戒破戒乃至果報終不能施若不布施
則不具足檀波羅蜜若不具足檀波羅蜜則
不能成阿耨多羅三藐三菩提善男子譬如
有人身被毒箭其人眷屬欲令安隱爲除毒
故即命良醫而爲拔箭彼人方言且待莫觸
我今當觀如是毒箭從何方來誰之所射爲

我今當觀如是毒箭從何方來誰之所射為
是剎利婆羅門毗舍首陁復更作念是何木
耶竹耶柳耶其鏃鐵者何冶所出剛耶柔耶
其毛羽者是何鳥翼烏鵄鷲耶所有毒者為
從作生自然而有為是人毒惡虵毒耶如是
癡人竟未能知尋便命終善男子菩薩亦尒
若行施時分別受者持戒破戒乃至果報終
不能施若不能施則不具足檀波羅蜜若不
具足檀波羅蜜則不能成阿耨多羅三藐三
菩提復次善男子菩薩摩訶薩行布施時於
諸衆生慈心平等猶如子想又行施時於諸
衆生起悲愍心譬如父母瞻視病子行施之
時其心歡喜猶如父母見子病愈既施之後
其心放捨猶如父母見子長大能自存活

我今所施悉與一切衆生共之以是因緣令
諸衆生得大智食勤進迴向无上大乘願諸
衆生得善智食不求聲聞緣覺之食願諸衆
生得法喜食不求愛食願諸衆生悉得般若
波羅蜜食皆令充滿攝取无㝵增上善根願
諸衆生悟解空相得无㝵身猶如虛空願諸
衆生常爲受者憐愍一切爲衆福田善男子
菩薩摩訶薩脩慈心時凡所施食應當堅發
如是等願復次善男子菩薩摩訶薩於慈心
中布施漿時常作是願我今所施悉與一切
衆生共之以是因緣令諸衆生趣大乘河飲
八味水速願无上菩提之道離於聲聞緣覺

八味水速復无上菩提之道離於聲聞緣覺
枯渴渴仰求於无上佛乘斷煩惱渴渴仰法
味離生死憂愛樂大乘大般涅槃具足法身
得諸三昧入於甚深智慧大海願諸衆生得
甘露味菩提出世離欲寂靜如是諸味願諸
衆生具足无量百千法味具法味已得見佛
性見佛性已能雨法雨雨法雨已佛性遍覆
猶如虛空復令其餘无量衆生得一法味所
謂大乘非諸聲聞辟支佛味願諸衆生得一
甜味无有六種差別之味願諸衆生唯求法
味无㝵佛法所行之味不求餘味善男子菩
薩摩訶薩於慈心中布施漿時應當堅發如
是等願復次善男子菩薩摩訶薩於慈心中

大乘不退於乘不動轉乘金剛坐乘不求聲
聞辟支佛乘向於佛乘无能伏乘无羸之乘
不退沒乘无上乘十力乘大功德乘未曾有
乘希有乘難得乘无邊乘知一切乘善男子
菩薩摩訶薩於慈心中施車乘時應當如是
堅發誓願復次善男子菩薩摩訶薩於慈心
中布施衣時常作是願我今所施悉與一切
衆生共之以是因緣令諸衆生得慚愧衣法
界覆身裂諸見衣衣服離身一尺六寸得金
色身所受諸觸柔軟无㝵光色潤澤皮膚細
軟常光无量无色離色願諸衆生皆悉普得
无色之身過一切色得入无色大般涅槃善
男子菩薩摩訶薩布施衣時應當如是堅發

无色之身過一切色得入无色大般涅槃善
男子菩薩摩訶薩布施衣時應當如是堅發
誓願復次善男子菩薩摩訶薩於脩慈中布
施華香塗香末香諸雜香時常作是願我今
所施悉與一切衆生共之以是因緣令諸衆
生一切皆得佛華三昧七覺妙鬘繫其首頂
願諸衆生貌如滿月所見諸色微妙第一願
諸衆生皆成一相百福莊嚴願諸衆生隨意
得見可意之色願諸衆生常遇善友得无㝵
香離諸臭穢願諸衆生具諸善根无上珎寶
願諸衆生相視和悅无有憂苦咸備衆善不
相憂念願諸衆生戒香具足願諸衆生持无
㝵戒香氣馚馥充滿十方願諸衆生得堅牢

竟已戒究竟竟戒得平等戒於香塗身及以所
剸等无憎愛願諸衆生得无上戒大乘之戒
非小乘戒願諸衆生悉得具足尸波羅蜜戒
猶如諸佛所成就戒願諸衆生悉爲布施持
戒忍辱精進禪智之所薰脩願諸衆生悉得
成就大般涅槃微妙蓮華其華香氣充滿十
方願令衆生純食大乘大般涅槃无上香饍
如蜂採華但取香味願諸衆生悉得成就无
量功德所薰之身善男子菩薩摩訶薩於慈
心中施華香時常當堅發如是誓願復次善
男子菩薩摩訶薩於慈心中施牀敷時常作
是願我今所施悉與一切衆生共之以是因
緣令諸衆生得天中天所卧之牀得大智慧

縁令諸衆生得天中天所卧之牀得大智慧
生四禪處卧於菩薩所卧之牀不卧聲聞辟
支佛牀離卧惡牀願諸衆生得安樂卧離生
死牀成大涅槃卧子卧牀願諸衆生坐此牀
已復爲其餘无量衆生示現神通師子遊戲
願諸衆生住此大乘大宫殿中爲諸衆生演
説佛性願諸衆生坐无上牀不爲世法之所
降伏願諸衆生得忍辱牀離於生死飢饉凍
餓願諸衆生得无畏牀永離一切煩惱怨賊
願諸衆生得清浄牀專求无上正真之道願
諸衆生得善法牀常爲善友之所擁護願諸
衆生得右脅卧牀依因諸佛所行之法善男
子菩薩摩訶薩於慈心中施牀敷時應當堅

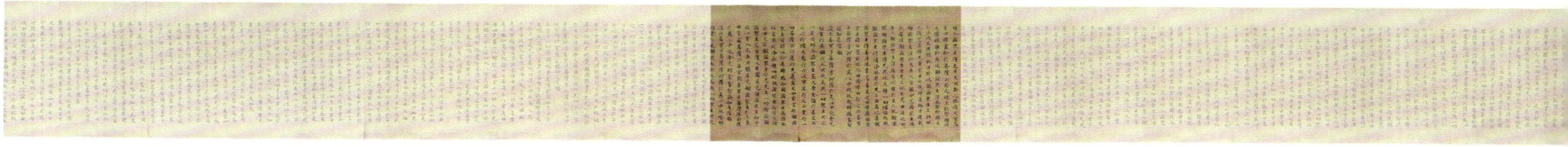

時常住是願我今所施悉與一切衆生共之
以是因緣令諸衆生處大乘舍脩行善友所
行之行脩大悲行六波羅蜜行大正覺行一
切菩薩所行道行无邊廣大如虛空行願諸
衆生皆得正念遠離惡念願諸衆生悉得安
住常樂我淨永離四倒願諸衆生悉皆受持
出世文字願諸衆生必爲无上一切智器願
諸衆生悉皆得入甘露屋宅願諸衆生初中
後心常入大乘涅槃屋宅願諸衆生於未來
世常處菩薩所居宮殿善男子菩薩摩訶薩
於慈心中施舍宅時常當堅發如是誓願
復次善男子菩薩摩訶薩於慈心中施燈明
時常作是願我今所施悉與一切衆生共之

時常住是願我今所施悉與一切衆生共之
以是因緣令諸衆生光明无量安住佛法願
諸衆生常得照明願諸衆生得色微妙光澤
第一願諸衆生其目清淨无諸翳紉願諸衆
生得大智炬善解无我无衆生相无人无命
願諸衆生皆得覩見清淨佛性猶如虛空願
諸衆生肉眼清淨徹見十方恒沙世界願諸
衆生得佛光明普照十方願諸衆生得无㝵
眼皆悉得見清淨佛性願諸衆生得大智明
破一切闇及一闡提願諸衆生得无量光普
照无量諸佛世界願諸衆生然大乘燈離二
乘燈願諸衆生所得光明滅无明闇過於千
日並照之切願諸衆生得火珠明悉滅三千
大千世界所有黑闇願諸衆生具足五根語

[illegible]
衆生悉得大乘大般涅槃微妙光明示悟衆
生真實佛性善男子菩薩摩訶薩於慈心中
施燈明時常應堅發如是誓願
善男子一切聲聞緣覺菩薩諸佛如來所有
善根慈為根本善男子菩薩摩訶薩脩集慈
心能生如是无量善根所謂不淨出息入息
无常生滅四念處七方便三觀處十二因緣
无我等觀煖法頂法忍法世第一法見道脩
道正勤如意諸根諸力七菩提分八聖道四
禪四无量心八解脫八勝處十一切入空无
相願无諍三昧知他心智及諸神通知本際
智聲聞智緣覺智菩薩智佛智善男子如是
等法慈為根本善男子以是義故慈是真實

智聲聞智緣覺智菩薩智佛智善男子如是
等法慈爲根本善男子以是義故慈是真實
非虛妄也若有人問誰是一切諸善根本當
言慈是以是義故實非虛妄耶
善男子能爲善者名實思惟實思惟者即名
爲慈慈即如來慈即大乘大乘即慈慈即如
來善男子慈即菩提道菩提道即如來如來
即慈善男子慈即大梵大梵即慈慈即如來
善男子慈者能爲一切衆生而作父母父母
即慈慈即如來善男子慈者乃是不可思議
諸佛境界不可思議諸佛境界即是慈也當
知慈者即是如來善男子慈者即是衆生佛
性如是佛性久爲煩惱之所覆蔽故令衆生
不得覩見佛性即慈慈即如來善男子慈即

大空大空即

虛空即慈慈即如來善男子慈即是常常即
是法法即是僧僧即是慈慈即如來善男子
慈即是樂樂即是法法即是僧僧即是慈慈
即如來善男子慈即是淨淨即是法法即是
僧僧即是慈慈即如來善男子慈即是我我
即是法法即是僧僧即是慈慈即如來善男
子慈即甘露甘露即慈慈即佛性佛性即法
法即是僧僧即是慈慈即如來善男子慈者
即是一切菩薩无上之道道即是慈慈即如
來善男子慈者即是諸佛世尊无量境界无
量境界即是慈也當知是慈即是如來
善男子慈若无常无常即慈當知是慈是聲
聞慈善男子慈若是苦苦即是慈當知是慈

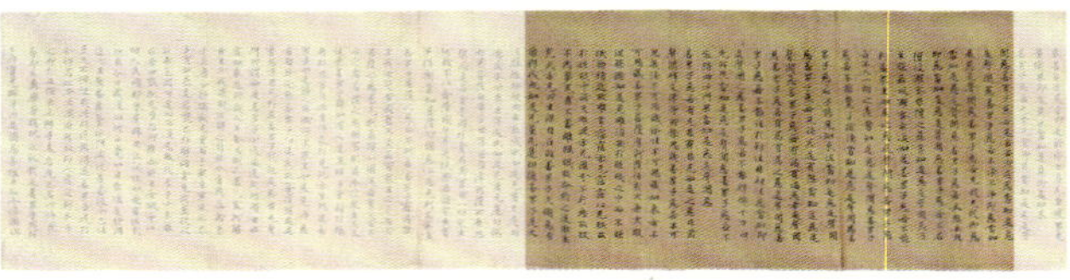

聞慈善男子慈若是苦苦即是慈當知是慈
是聲聞慈善男子慈若不淨不淨即慈當知
是慈是聲聞慈善男子慈若无我无我即慈
當知是慈是聲聞慈善男子慈若妄想妄想
即慈當知是慈是聲聞慈善男子慈若不名
檀波羅蜜非檀之慈當知是慈是聲聞慈乃
至般若波羅蜜亦復如是善男子慈若不能
利益衆生如是之慈是聲聞慈善男子慈
若不入一相之道當知是慈是聲聞慈善男子
慈若不能覺了諸法當知是慈是聲聞慈善
男子慈若不能見如來性當知是慈是聲聞
慈善男子慈若見法慈是有想當知是慈是
聲聞慈善男子慈若有漏有漏慈者是聲聞
善男子慈若有為有為之慈是聲聞慈善

男子慈[illegible]
是聲聞之慈善男子慈若不能得佛十力四
无所畏當知是慈是聲聞慈善男子慈若不
能得四沙門果當知是慈是聲聞慈
善男子慈若有无非有非无如是之慈非諸
聲聞辟支佛等所能思議善男子慈若不可
思議法不可思議佛性不可思議如來亦不
可思議善男子菩薩摩訶薩住於大乘大般
涅槃脩如是慈雖復安於睡眠之中而不睡
眠勤精進故雖常寤寤亦无寤寤以无眠故
於睡眠中諸天雖護亦无護者不行惡故眠
不惡夢无有不善離睡眠故命終之後雖生
梵天亦无所生得自在故善男子夫脩慈者
能得成就如是无量无邊功德善男子是大

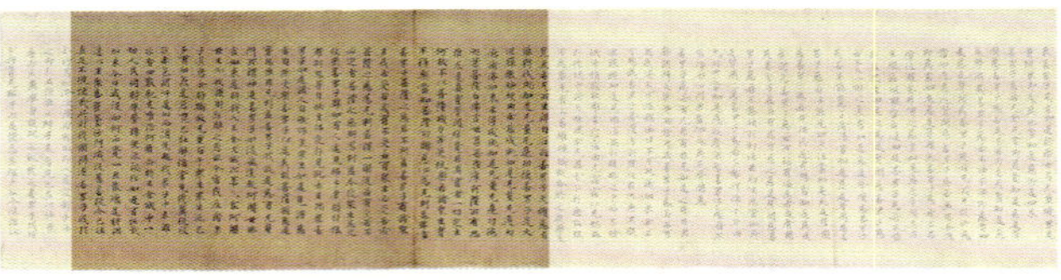

梵天亦无所生得自在故善男子夫修慈者
能得成就如是无量无邊功德善男子是大
涅槃微妙經典亦能成就如是无量无邊功
德諸佛如來亦得成就如是无量无邊功德
迦葉菩薩白佛言世尊菩薩摩訶薩所有思
惟慈是真實聲聞緣覺非真實者一切衆生
何故不以菩薩威力等受快樂若諸衆生實
不得樂當知菩薩所修慈心爲无利益佛言
善男子菩薩之慈非不利益善男子有諸衆
生或必受苦或有不受若有衆生必受苦者
菩薩之慈爲无利益謂一闡提若有受苦不
必定者菩薩之慈則爲利益令彼衆生悉受
快樂善男子譬如有人遥見師子虎豹豺狼

者自然受樂善男子以是義故菩薩脩慈是
實思惟非无利益善男子我說是慈有无量
門所謂神通善男子如提婆達教阿闍世欲
害如来是時我入王舍大城次第乞食阿闍
世王即放護財狂醉之象欲令害我及諸弟
子其象尒時蹋殺无量百千衆生衆生死已
多有血氣是象嗅已狂醉倍常見我翼從被
服赤色謂呼是血而復見趣我弟子中未離
欲者四散馳走唯除阿難尒時王舍城中一
切人民同時舉聲號哭流淚作如是言怪哉
如来今日滅沒如何正覺一旦散壞是時調
達心生歡喜瞿曇沙門滅沒甚善從今已往
真是不現快哉此計我願得遂善男子我於

真足不現快哉此計我願得遂善男子我於
尒時爲欲降伏護財象故即入慈定舒手示
之即於五指出五師子是象見已其心怖畏
尋即失糞舉身投地敬礼我足善男子我時
手指實无師子乃是脩慈善根力故令彼調伏

BD00843 轉女身經

（南朝宋）曇摩蜜多 譯

512.2cm×26.2cm

弗問
如尊者舍利弗所
煩惱性无所有女言衆生
利弗言无性衆生何所成就女言
復何所斷舍利弗言无分別故是名為斷女
言如尊者舍利弗所言若不分別彼我是亦
名為成就衆生舍利弗復問女言云何名衆
生成就女荅言於諸有中不起深愛是名衆
生成就舍利弗又問女言汝於三乘為以何
生成就衆生女荅言尊者舍利弗辟如空中
等注甘雨於上中下種子苗稼藥草樹木皆
令生長其雨頗有分別相不舍利弗言其水
雖能生長苗稼而无分別如是舍利弗諸佛

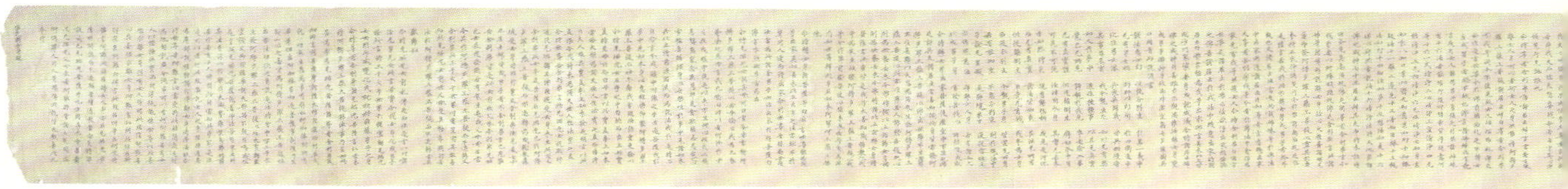

何調伏其義云何時女答曰言調伏者能觀
邪道即是正道是名調伏所以者何凡夫顛
倒不能正觀故不調伏若觀邪道平等之相
不隨不顛倒諸邪道者是則名為畢竟調伏
又舍利弗言調伏者於我无我亦名調伏所
以者何无我見者於諸煩惱不受不起是名
解脫女問舍利弗言尊者得解脫耶舍利弗
言我得解脫女言誰縛汝者言得解脫舍利
弗言无有縛者而得解脫而其本性是解脫
相是故我言得解脫耳女言若其本性无縛
无解是解脫相汝何故言我得解脫舍利弗
言一切諸法皆解脫相是故我言我得解脫
女言如尊者舍利弗所言若知諸法皆解脫

言一切諸法皆解脫相是故我一我得脫
女言如尊者舍利弗所言若知諸法皆解脫
相是則名為究竟解脫舍利弗言若諸漏盡
阿羅漢所說汝今所說等无有異女言尊者
舍利弗今我亦是漏盡阿羅漢舍利弗言以
何緣故而作是說女言我亦遠離一切塵垢
緣覺聲聞所有道品我悉知見而不願樂唯
求佛智是故我言是阿羅漢諸漏已盡舍利
弗言頗有因緣而諸菩薩作羅漢耶女答言
有舍利弗言以何緣有女言若有眾生先種
善根應以聲聞身得度者現聲聞身而作是
言我是阿羅漢為眾生證說羅漢法是名菩
薩作羅漢世說此法時二百比丘不受漏法
心得解脫是諸比丘白佛言世尊此女辯才

尒時无垢光女白佛言世尊今此會中諸比
丘比丘尼優婆塞優婆夷願樂欲聞修何善
行得離女身速成男子能發无上菩提之心
唯願世尊當為解說尒時世尊欲利益成就
四部衆故告无垢光女言若女人成就一法得
離女身速成男子何謂為一所謂深心求
於菩提所以者何若有女人發菩提心則是
大善人心大丈夫心大仙人心非下人心永離
二乘狭劣之心能破外道異論之心於三世
中最是勝心能除煩惱不雜結習清淨之心
若諸女人發菩提心則更不離女人諸結縛
心以不離故永離女身得成男子所有善根
亦當迴向无上菩提是名為一

心以不離故永離女身得成男子所有善根
亦當迴向无上菩提是名爲一
復次女人成就二法能離女身速成男子何
謂爲二所謂除其憍心離於欺誑不作幻惑
所有善根願離女身速成男子悉以迴向无
上菩提是名爲二
復次女人成就三法能離女身速成男子何
謂爲三一身業清淨持身三戒二口業清淨
離口四過三意業清淨離於瞋恚邪愚癡
以此十善所生善根願離女身速成男子迴
向菩提是名爲三
復次女人成就四法得離女身速成男子何
謂爲四一不恚宮二不瞋恨三不隨煩惱四
住忍辱力是名爲四

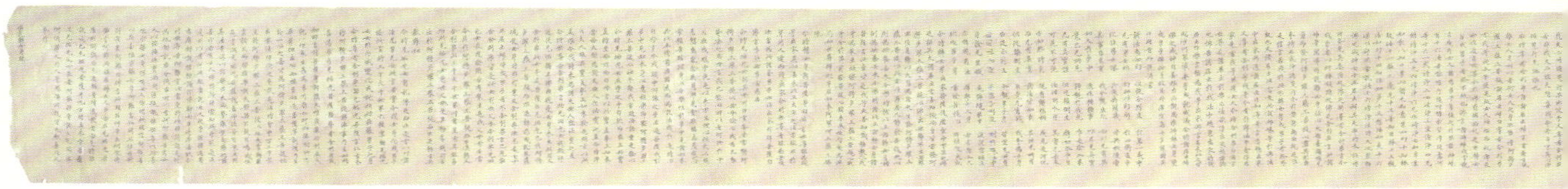

自娛樂四於說法者敬如師長五如說脩行
以此善根願離女身速成男子迴向菩提是
名為五
復次女人成就六法得離女身速成男子何
謂為六一常念佛願成佛身二常念法欲轉
法輪三常念僧欲覆護僧四常念戒欲滿諸
願五常念施欲捨一切諸煩惱垢六常念天
欲滿天中之天一切種智是名為六
復次女人成就七法得離女身速成男子何
謂為七一於佛得不壞信二於法得不壞信
三於僧得不壞信四不事餘天唯奉敬佛五
不積聚慳惜隨言能行六出言无過恒常質
直七威儀具足是名為七

不積聚慳悋[illegible]
直七威儀具足是名為七
復次女人成就八法得離女身速成男子何
謂為八一不偏愛已男二不偏愛已女三不
偏愛已夫四不專念衣服瓔珞五不貪著華
飾塗香六不為美食因緣猶如羅剎煞生食
之七所施之物常追憶之而生歡喜八所行
清淨常懷慚愧是名為八
復次女人成就九法得離女身速成男子何
謂為九所謂息九惱法憎我所愛已憎今憎
當憎愛我所憎已愛今愛當愛於我已憎今
憎當憎是名為九
復次女人成就十法得離女身速成男子何
謂為十一不自大二除憍慢三敬尊長四所

復次善女若有女人能如實觀女人身過者
生猒離心速離女身疾成男子女人身過者
所謂欲瞋癡心并餘煩惱重於男子又此身
中一百戶虫恒為苦患愁惱因緣是故女人
煩惱偏重應當善思觀察此身便為不淨之
器臭穢充滿亦如枯井空破城村難可愛樂
是故於身應生猒離又觀此身猶如婢使不
得自在恒為男女衣服飲食家業所須之所
苦惱必除糞穢涕唾不淨於九月中懷子在
身衆患非一及其生時受大苦痛命不自保
是故女人應生猒離女人之身又復女人雖
生在王宮必當屬他盡其形壽猶如婢使隨
逐大家亦如弟子奉事於師又為種種刀杖

生在王宮以當扇伏盡其形善獨女人伏
逐大家亦如弟子奉事於師又為種種刀杖
瓦石杖捲打擲惡言罵辱如是等苦不得自
在是故女人應於此身生猒離心又此女身
常被繫閉猶如虵鼠在深穴中不得妄步又
女人法制不由身常於他邊稟受飲食衣服
華香種種瓔珞嚴身之具為馬車乘是故應
當猒離女身又此女身為他所使不得自在
執作甚多擣藥舂米若炒若磨大小豆麥抽
氀紡疊如是種種苦役无量是故女人應患
此身欲求永離如是衆苦當以此法教示餘
人常念如來所言誠實讚嘆出家能報佛恩
當發此心願離女身速成男子於佛法中出
家脩道不復貪求華鬘瓔珞遊戲園林衣服

内所成不久壞滅此身如廁九孔流出種種不
淨此身愚小之人於中起著而恒四大所
成此身諸陰猶如惡家此身虛偽中无堅實
如空聚落此身无主從父母生復以行業而
嚴飾之此身不淨純盛臭穢此身即是屎尿
之器不久棄捐无可貪處此身歸死出息入
息必當斷故此身无我如草木瓦石此身无
作者從因緣生此身是衆鳥狼狗野干之食
棄冢間故此身是苦聚四百四病之所困故
此身為風寒冷熱等分衆病之所壞散恒以
藥力得存立故此身不知恩以飲食養之无
心足故此身无知內无作者故此身是後邊
必當死故是故女人應當如是觀察此身生

已足故此身无矣内无作者故此身[illegible]
必當死故是故女人應當如是觀察此身生
猒離心脩行善法脩善行時若得新好華菓
可食之物先奉諸佛菩薩无上福田及師長
父母然後自食應作是念如我今者以新華
菓施與尊重清淨福田願離故穢女人之身
更得新好男子之身當佛說此法時會中五
百比丘尼皆發阿耨多羅三藐三菩提心而
作是言我等所有善根願離女身速成男子
尒時會中有七十五諸居士婦聞說此法心
大歡喜即持身上所著瓔珞以散佛上佛神
力故所散瓔珞即於空中當佛頂上化成七
十五四柱寶臺端嚴殊妙甚可愛樂臺中悉
有衆寶之坐各有如來而坐其上與比丘僧

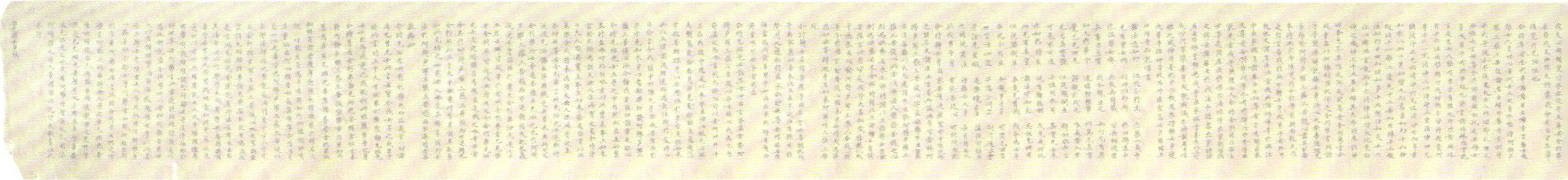

頭面礼足右遶三匝住如是言世尊我等所有
善根今悉合集同發阿耨多羅三藐三菩
提心得離女身亦迴向无上菩提世尊大悲
廣說女人受身過惡悉如佛言无不實者我
等今當勤脩方便永離如是諸惡過咎從今
以去盡其形壽奉持五戒淨脩梵行以此善
根共一切衆生成等正覺
尒時尊者舍利弗語諸居士婦言姉妹能住
如是大師子吼甚為希有然汝等夫為聽汝
等脩梵行不應當問之諸居士婦白尊者舍
利弗言若我等各問其夫我從何處來生此
閒於此閒沒當生何處唯為我夫而不能荅
何用問為尊者舍利弗若問如來我等從何

何用問為尊者舍利弗若問如來我等從何
處沒來生此閒於此閒沒當生何處如來明
見悉為我等分別說之是故如來是我等父
母是我等所尊是我等大師是我等福田是
我等寶洲歸依之處今脩梵行何用問其夫
為從今已去我等勤脩方便更不屬夫如餘
女人所以者何若人能除貪欲瞋恚愚癡諸
結縛者終不更能患累其人今我身心便是
我夫心同脩梵行不亦快乎又尊者舍利弗
若非我夫而作夫想棄我命者自守其心淨
脩梵行无悔恨也
尒時尊者舍利弗語諸居士婦言當勤方便
離女人身所以者何女人之身不能得阿耨多

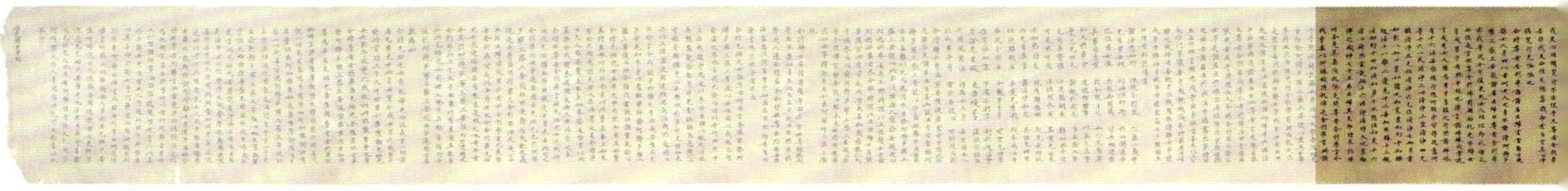

而住是言世尊今於佛前頭面礼足不轉女
身成男子者終不起也佛言諸姊妹我常說
言或有女人能為男子勇猛之行然諸姊妹
有十六法若能脩行隨所願求皆得從意何
等十六一戒清淨二心清淨三空清淨四无
願清淨五无相清淨六无住清淨七知身業
如影八知口業如響九知意業如幻十知緣
起法十一離二邊見十二善知因緣十三觀
法如幻十四知法如夢十五想法如炎十六
深心寂然當說此十六清淨法時大地震動
佛之威神七十五居士婦其夫即時來詣佛
所各見其妻頂礼佛足問尊者舍利弗言今
我曹妻以何緣故頂礼佛足舍利弗言此諸

我曹妻以何緣故頂礼佛足舍利弗言此諸
姉等聞佛解說離女身法心大歡喜踊躍无
量即發阿耨多羅三藐三菩提心盡其形壽
奉持五戒淨脩梵行今於佛前頭面礼足住
是誓言若我於此不轉女身成男子者終不
起也又諸居士汝當放此諸姉妹等於佛法
中出家脩道諸居士曰如尊者言悉聽出家
又尊者舍利弗我等今者於佛法中貪得出
家先當我等然後女人尒時舍利弗白佛言
世尊是諸居士於佛正法欲得出家願佛聽
之佛告諸居士於我法中隨意出家時諸
居士白佛言願為我等出家佛言善來比丘皆
成沙門袈裟著身成就威儀尒時諸居士婦

口同音而說偈言
諸法悉如幻　但從分別生　於第一義中
无有男女相　幻師以幻術　於四衢道中
化作男女像　兵衆共鬪戰　皆共相侵害
其事非真實　我今觀生死　如幻无有異
如人於夢中　造作種種事　以其无真實
覺已无所見　諦觀於我見　唯是陰入界
无有真實體　但從顛倒生　譬如水中月
可見不可從　法性同水月　其實无去來
亦如熱時炎　現有動搖相　或見是河池
而无有真實　諸法皆如炎　其性无所有
但從顛倒生　畢竟无有我　我本為女身
而從分別生　今觀男子身　皆空无所有

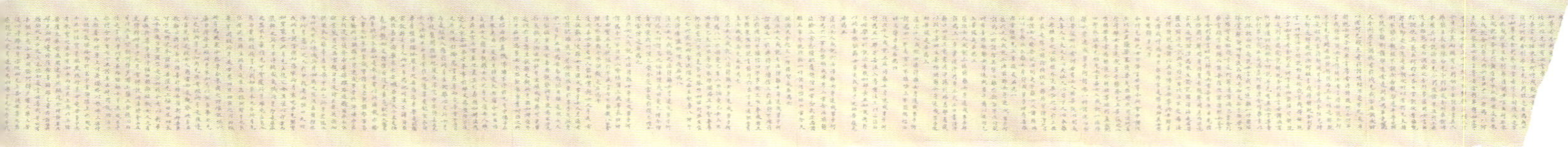

而從分別生　今觀男子身　皆空无所有
若有能知空　不應分別空　則於現法中
身證无㝵礙　是佛境界力　須從宿福生
亦脩現前法　得離女人身　若有諸女人
欲成男子身　當發菩提心　所願便成就
尒時轉女身出家菩薩從虛空中下頂礼佛
足語其大諸居士言善知識汝曹皆當發阿
耨多羅三藐三菩提心佛出世難不生諸難
亦復甚難以大悲為諸衆生發阿耨多羅三
藐三菩提心此亦復難若人能發菩提之心
則為供養去來今佛時諸比丘語轉女身諸
則為供養去來今佛時諸比丘諸轉女身諸
菩薩言汝曹皆是我等大善知識能教化我
等為衆生故發阿耨多羅三藐三菩提心我

陁
尒時轉女身諸菩薩等白佛言世尊願為我
等出家莫如善來比丘出家之法亦欲不於
聲聞人邊而得出家尒時世尊告弥勒菩薩
汝當為此諸善男子如法出家弥勒菩薩白
佛言唯然世尊當為出
尒時无垢光女語其母所白言菴婆當發阿
耨多羅三藐三菩提心若母發心我為巳報
菴婆之恩母言我巳發心所以者何汝於十
月在我腹中從是以來不生慳心破戒心瞋
恚懈怠亂念惡慧邪見貪欲瞋恚愚癡之心
常歡喜踊躍身心安樂恒於夢中見諸如來
共比丘僧前後圍遶而為說法我於是時心

常歡喜踊躍
共比丘僧前後圍遶而為說法我於是時心
自念言今我腹中所懷之子必是菩薩我於
夢中見如來身心意歡樂即發阿耨多羅三
藐三菩提心汝今勸我當隨汝語重更發心
尒時无垢光女左手之中自然而出上妙寶
蓋持至母所而白母言以此寶蓋奉上如來
當發大願為諸天世人作法寶之蓋尒時淨
日夫人取其寶蓋奉上如來發是願言以此
蓋根令我將來為諸天世人作法寶之蓋
尒時世尊告舍利弗言此无垢光女遊戲神
通從无垢稱王佛國現受女身來生此閒又
舍利弗此女本是菩薩名无垢光已於阿耨
多羅三藐三菩提而不退轉為成就衆生故

告舍利弗皆是此女前世父母舍利弗无垢
光女長夜發願若有衆生是我父母者必當
令其於阿耨多羅三藐三菩提而不退轉又
舍利弗此三千大千世界所有星宿其數易
知此无垢光女前世父母受其勸導脩行善
法於阿耨多羅三藐三菩提而不退轉者其
數難知
尒時无垢光女前礼佛足而作是言一切諸
法无男无女此言若實令我女身化成男子
發此言時三千大千世界六種震動无垢光
女女形即滅變化成就相好莊嚴男子之身
尒時尊者舍利弗語无垢光菩薩言仁者未
得阿耨多羅三藐三菩提能佛事乃至如此

BD00843　轉女身經

[illegible]時尊者舍利弗[illegible]
得阿耨多羅三藐三菩提能佛事乃至如此
甚為希有无垢光菩薩語尊者舍利弗誠
如所言諸菩薩摩訶薩大權莊嚴欲利益成
就一切衆生甚為希有譬如阿伽樓樹所有
華葉但出阿伽樓香如是菩薩摩訶薩乃至
發一心之善皆為阿耨多羅三藐三菩提恒
出佛法功德之香說是法時會中万二千衆
生發阿耨多羅三藐三菩提心地大震動虛
空諸天雨種種華諸天樂器不鼓自鳴咸作
是言此无垢光菩薩說真淨法若有衆生聞
其法者深心信樂得大威勢離衆患難脩諸
善行若有女人得聞此經當知此身最是後
邊所以者何此經廣說女人之身種種過患

為他解說廣令流布所以者何阿難若有女
人以種種珍寶滿閻浮提施佛世尊以此善
根求離女身復有女人得聞此經信解歡喜
以其善根求離女身阿難當知聞此經名斯
則疾矣阿難白佛言此經名何等云何受持
佛言阿難此經名轉女人身亦名无垢光菩
薩所問復名无過稱菩薩道教當念受持佛
說是已无垢光菩薩并他方國土來會菩薩
及无垢光父母長者阿難時會諸天乾闥婆
阿脩羅人非人等聞佛所說皆大歡喜作礼
奉行

佛說轉女身經

BD00843　轉女身經

BD00844 大乘入楞伽經卷一

（唐）實叉難陀 譯

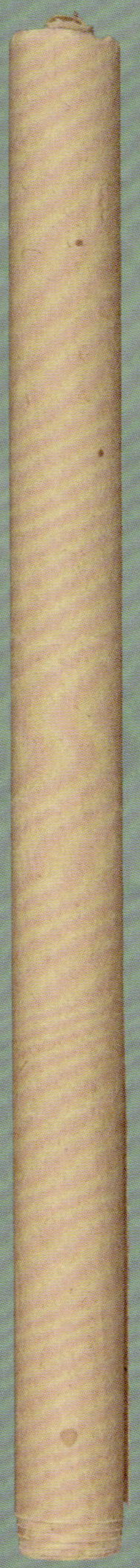

147.6cm × 26.5cm

說法過七日已從大海出有无量億梵釋護世諸天龍等奉迎於佛尒時如來舉
目觀見摩羅耶山楞伽大城即便微笑而作是言昔諸如來應正等覺皆於此城說
自所得聖智證法非諸外道臆度邪見及以二乘脩行境界我今亦當為羅婆那
王開示此法　尒時羅婆那夜叉王以佛神力聞佛言音遙知如來從龍宮出梵
釋護世天龍圍遶見海波浪觀其眾會藏識大海境界風動轉識浪起發歡喜
心於其城中高聲唱言我當詣佛請入此城令我及與諸天世人於長夜中得大饒益
作是語已即與眷屬乘花宮殿往世尊所到已下殿右遶三帀作眾伎樂供養如
來所持樂器皆是大青因陀羅寶琉璃等寶以為間錯无價上衣而用纏裹其
聲美妙音節相和於中說偈而讚佛曰　世尊於七日　住摩竭海中　然後出龍宮
安詳昇此岸　我與諸婇女　及夜叉眷屬　輸迦娑剌那　眾中聰慧者　悉以其神力　往詣如來所
各下花宮殿　礼敬世所尊　復以佛威神　對佛稱己名　我是羅剎王　十首羅婆那　今來詣佛所
願佛攝受我　及楞伽城中　所有諸眾生　過去无量佛　咸昇寶山頂　住楞伽城中　說自所證法
世尊亦應尒　住彼寶嚴山　菩薩眾圍遶　演說清淨法　我等於今日　及住楞伽眾　一心共欲聞
離言自證法　我念去來世　所有无量佛　菩薩共圍遶　演說楞伽經　此入楞伽典　昔佛所稱讚
願佛同往尊　亦為眾開演　請佛為哀愍　无量夜叉眾　入彼寶嚴城　說此妙法門　此妙楞伽城
種種寶嚴飾　牆壁非土石　羅網悉珍寶　此諸夜叉眾　昔曾供養佛　脩行離諸過　證智常明了
夜叉男女等　渴仰於大乘　自信摩訶衍　亦樂令他住　唯願无上尊　為諸羅剎眾　甕耳等眷屬
往昔楞伽城　我於去來今　勤供養諸佛　願聞自證法　究竟大乘道　願佛哀愍我　及諸夜叉眾
共諸佛子等　入此楞伽城　我宮殿婇女　及以諸瓔珞　可愛无憂園　願佛哀納受　我於佛菩薩

共諸佛子等　入此楞伽城　我宮殿婇女　及以諸瓔珞　可愛无憂園　願佛哀納受　我於佛菩薩
无有不捨物　乃至身給侍　唯願哀納受　尒時世尊聞是語已即告之言夜叉王過
去世中諸大尊師咸哀愍汝勸請詣寶山中說自證法未來諸佛亦復如是此
是脩行甚深觀行現法樂者之所住處我及諸菩薩哀愍汝故受汝所請作
是語已默然而住時羅婆那王即以所乘妙花宮殿奉施於佛佛坐其上王及諸菩
薩前後導從无量婇女歌詠讚歎供養於佛往詣彼城到彼城已羅婆那王及
諸眷屬復作種種上妙供養夜叉衆中童男童女以寶羅網供養於佛羅婆
那王施寶瓔珞奉佛菩薩以挂其頸尒時世尊及諸菩薩受供養已各為略
說自證境界甚深之法時羅婆那王并其眷屬復更供養大慧菩薩而勸請言
我今請大士　奉問於世尊　一切諸如來　自證智境界　我與夜叉衆　及此諸菩薩　一心願欲聞
是故咸勸請　汝是脩行者　言論中最勝　是故生尊敬　勸請汝問法　自證清淨法　究竟入佛地
離外道二乘　一切諸過失　尒時世尊以神通力於彼山中復更化作无量寶山
悉以諸天百千万億妙寶嚴飾一一山上皆現佛身一一佛前皆有羅婆那王及其
衆會十方所有一切國土皆於中現一一國中悉有如來一一佛前咸有羅婆那王
并其眷屬楞伽大城阿輸迦園如是莊嚴等无有異一一皆有大慧菩薩而興
請問佛為開示自證智境以百千妙音說此經已佛及諸菩薩皆於空中隱而
不現羅婆那王唯自見身住本宮中作是思惟向者是誰誰聽其說所見何物是
誰能見佛及國城衆寶山林如是等物今何所在為夢所作為幻所成為復
猶如乾闥婆城為翳所見為䁥所惑為如夢中石女生子為如陽燄旋火輪邪復
更思惟一切諸法性皆如是唯是自心分別境界凡夫迷惑不能解了无有能見

更思惟一切諸法性皆如是唯是自心分別境界凡夫迷惑不能解了无有能見
亦无所見无有能說亦无所說見佛聞法皆是分別如向所見不能見佛不起分
別是則能見時楞伽王尋即開悟離諸雜染證唯自心住无分別往昔所種善
根力故於一切法得如實見不隨他悟能以自智善巧觀察永離一切臆度邪解
住大脩行爲脩行師現種種身善達方便巧知諸地上增進相常樂遠離心意
意識斷三相續見離外道執著內自覺悟入如來藏趣於佛地聞虛空中及
宮殿內咸出聲言善哉大王如汝所覺諸脩行者應如是學應如是見一切
如來應如是見一切諸法若異見者則是斷見汝應永離心意意識應勤觀
察一切諸法應脩內行莫著外見莫墮二乘及以外道所脩句義所見境界及
所應得諸三昧法汝不應樂戲論談笑汝不應起圍陁諸見亦不應著王位
自在亦不應住六定等中若能如是即是如實脩行者行能摧他論能破惡見
能捨一切我見執著能以妙慧轉所依識能脩菩薩大乘之道能入如來自證之
地汝應如是勤加脩學令所得法轉更清淨善脩三昧三摩鉢底莫著二乘外
道境界以爲勝樂如凡脩者之所分別外道執我見有我相及實求那而生取
著二乘見有无明緣行於性空中亂想分別楞伽王此法殊勝是大乘道能令
成就自證聖智於諸有中受上妙生楞伽王此大乘行破无明翳滅識波浪不墮
外道諸見行中楞伽王外道行者執著於我作諸異論不能演說離執著見識
性二義善哉楞伽王汝先見佛思惟此義如是思惟乃是見佛　尒時羅
婆那王復作是念願我更得奉見如來如來世尊於觀自在離外道法能說自
證聖智境界超諸應化所應作事住如來定入三昧樂是故說名大觀行師亦復名爲

聖智境界超諸應化所應作事住如來定入三昧樂是故說名大觀行師亦復名
為大哀愍者能燒煩惱分別薪盡諸佛子衆所共圍繞普入一切衆生心中
遍一切處具一切智永離一切分別事相我今願得重見如來大神通力以得見
故未得者得已得不退離諸分別住三昧樂增長滿足如來智地　　尒時世尊
知楞伽王即當證悟无生法忍為哀愍故便現其身令所化事還復如本時十頭
王見所曾覩无量山城悉寶莊嚴一一城中皆有如來應正等覺三十二相以
嚴其身自見其身遍諸佛前悉有大慧夜叉圍繞說自證智所行之法亦見
十方諸佛國土如是等事悉无有別尒時世尊普觀衆會以慧眼觀非
肉眼觀如師子王奮迅迴眄欣然大笑於其眉間髀脇腰頸及以肩髆德字
之中一一毛孔皆放无量妙色光明如虹拖暉如日舒光亦如劫火猛焰熾然時虛
空中梵釋四天遥見如來坐如須弥楞伽山頂欣然大笑尒時諸菩薩及諸天衆
咸作是念如來世尊於法自在何因緣故欣然大笑身放光明默然不動住自證
境入三昧樂如師子王周迴顧視觀羅婆那念如實法　　尒時大慧菩薩摩
訶薩先受羅婆那王請復知菩薩衆會之心及觀未來一切衆生皆悉樂著語
言文字隨言取義而生迷惑執取二乘外道之行或作是念世尊已離諸識境
界何因緣故欣然大笑為斷彼疑而問於佛佛即告言善哉大慧善哉大慧汝觀
世間愍諸衆生於三世中惡見所纒欲令開悟而問於我諸智慧人為利自他
能作是問大慧此楞伽王曾問過去一切如來應正等覺二種之義今亦欲問未
來亦尒此二種義差別之相一切二乘及諸外道皆不能測　　尒時如來知楞

來亦尒此二種義差別之相一切二乘及諸外道皆不能測　尒時如來知楞
伽王欲問此義而告之曰楞伽王汝欲問我宜應速問我當為汝分別解釋滿汝所
願令汝歡喜能以智慧思惟觀察離諸分別善知諸地脩習對治證真實義
入三昧樂為諸如來之攝所受住奢摩他樂遠離二乘三昧過失住於不動善慧
法雲菩薩之地能如實知諸法无我當於大寶蓮花宮中以三昧水而灌其頂
復現无量蓮花圍繞无數菩薩於中止住與諸衆會遞相瞻視如是境界不可
思議楞伽王汝起一方便行住修行地復起无量諸方便行汝定當得如上所說不
思議事處如來位隨形應物汝所當得一切二乘及諸外道梵釋天等所未曾
見　尒時楞伽王蒙佛許已即於清淨光明如大蓮花寶山頂上從座而起諸
婇女衆之所圍繞化作无量種種色花種種色香末香塗香幢幡幰蓋冠珮
瓔珞及餘世間未曾見聞種種勝妙莊嚴之具又復化作欲界所有種種无量
諸音樂器過諸天龍乾闥婆等一切世間之所有者又復化作十方佛土昔所
曾見諸音樂器又復化作大寶羅網遍覆一切佛菩薩上復現種種上妙衣
服建立幢幡以為供養作是事已即昇虛空高七多羅樹於虛空中復雨
種種諸供養雲作諸音樂從空而下即坐第二日電光明如大蓮花寶山頂
上歡喜恭敬而作是言我今欲問如來二義如是二義我已曾問過去如來應
正等覺彼佛世尊已為我說我今亦欲問於是義唯願如來為我宣說世
尊變化如來說此二義非根本佛根本佛說三昧樂境不說虛妄分別所行善
哉世尊於法自在唯願哀愍說此二義一切佛子心皆樂聞　尒時世尊告
彼王言汝應問我當為汝說時夜叉王更著種種寶冠瓔珞諸莊嚴具以嚴

彼王言汝應問我當為汝說時夜叉王更著種種寶冠瓔珞諸莊嚴具以嚴
其身而作是言如來常說法尚應捨何況非法云何得捨此二種法何者是法
何者非法法若應捨云何有二有二即墮分別相中有體无體是實非實如
是一切皆是分別不能了知阿賴耶識无差別相如毛輪住非淨智境法性如是
云何可捨尒時佛告楞伽王言楞伽王汝豈不見瓶等无常敗壞之法凡夫於中
妄生分別汝今何故不如是知法與非法差別之相此是凡夫之所分別非聖智見凡夫
墮在種種相中非諸聖者楞伽王如燒宮殿園林見種種焰火性是一所出光焰
由薪力故長短大小各各差別汝今云何不如是知法與非法差別之相楞伽王如
一種子生牙莖枝葉及以花果无量差別外法如是內法亦然謂无明為緣生
蘊界處一切諸法於三界中受諸趣生有苦樂好醜語默行止各各差別又如諸
識相雖是一隨於境界有上中下染淨善惡種種差別楞伽王非但如上法有
差別諸修行者修觀行時自智所行亦復見有差別之相況法與非法而无種種
差別分別楞伽王法與非法差別相者當知悉是相分別故楞伽王何者是法
所謂二乘及諸外道虛妄分別說有實等為諸法因如是等法應捨應離
不應於中分別取相見自心法性則无執著瓶等諸物凡愚所取本无有體諸觀
行人以毗鉢舍那如實觀察名捨諸法楞伽王何者是非法所謂諸法无性无相
永離分別如實見者若有若无如是境界彼皆不起是名捨非法復有非法所
謂兔角石女兒等皆无性相不可分別但隨世俗說有名字非如瓶等而可取
著以彼非是識之所取如是分別亦應捨離是名捨法及捨非法楞伽王汝先

著以彼非是識之所取如是分別應亦捨離是名捨法及捨非法楞伽王汝先
所問我已說竟楞伽王汝言我於過去諸如來所已問是義彼諸如來已為我
說楞伽王汝言過去但是分別未來亦然我亦同彼楞伽王彼諸佛法皆離分
別已出一切分別戲論非如色相唯智能證為令衆生得安樂故而演說法以无
相智說名如來是故如來以智為體智為身故不可分別不可以何分別不可以
我人衆生相分別何故不能分別以意識因境界起取色形相是故離能分別
亦離所分別楞伽王譬如壁上彩畫衆生无有覺知世間衆生悉亦如是无業
无報諸法亦然无聞无說楞伽王世間衆生猶如變化凡夫外道不能了達楞伽王
能如是見名為正見若他見者名分別見由分別故取著於二楞伽王譬如有人
於水鏡中自見其像於燈月中自見其影於山谷中自聞其響便生分別而起取
著此亦如是法與非法唯是分別由分別故不能捨離但更增長一切虛妄不得
寂滅寂滅者所謂一緣一緣者是最勝三昧從此能生自證聖智以如來藏而
為境界

大乘入楞伽經集一切法品第二之初

BD00845 大般涅槃經卷一

（北涼）曇無讖 譯

246cm × 25.5cm

佛在拘尸那國
娑羅雙樹間
千人俱前後圍
日臨涅槃時以佛神力出大音
乃至有頂隨其類音普告衆
正遍知憐愍衆生覆護衆生等視衆生如羅
睺羅為作歸依屋舍室宅大覺世尊將欲涅
槃一切衆生若有所疑今悉可問為最後問
尒時世尊於晨朝時從其面門放種種光其
明雜色青黃赤白頗梨馬瑙光遍照此三千
大千佛之世界乃至十方亦復如是其中所
有六趣衆生遇斯光者罪垢煩惱一切消除

叫喚其中或有身體戰慄涕泣哽噎尒時大
地諸山大海皆悉震動時諸衆生共相謂言
且各裁抑莫大愁苦當疾往詣拘尸那城力
士生處至如來所頭面礼敬勸請如來莫般
涅槃住世一劫若減一劫互相執手復作是
言世間空虛衆生福盡不善諸業增長出世
仁等今當速往速往如來不久必入涅槃復
作是言世間空虛世間空虛我等從今无有
救護无所宗仰貧窮孤露一旦遠離无上世
尊設有疑惑當復問誰時有无量諸大弟子
尊者摩訶迦旃延尊者薄拘羅尊者優波難
陁如是等諸大比丘遇佛光者其身戰掉乃
至大動不能自持心濁迷悶發聲大喚生如

BD00845　大般涅槃經卷一

至大動不能自持心獨迷悶發聲大喚生如
是等種種苦惱
尒時復有八十百千諸比丘等皆阿羅漢心
得自在所作已辦離諸煩惱調伏諸根如大
龍王有大威德成就空慧逮得己利如栴檀
林栴檀圍遶如師子王師子圍遶成就如是
无量功德一切皆是佛之真子於其晨朝日
始初出離常住處嚼揚枝時遇佛光明並相
謂言仁等速疾漱口澡手作是言已舉身毛
竪遍體血現如波羅奢華涕泣盈目生大苦
惱為欲利益安樂衆生成就大乘第一空行
顯發如來方便密教為不斷絶種種說法為
諸衆生調伏因緣故疾至佛所稽首佛足遶

比丘尼海意比丘尼與六十億比丘尼等一
切亦是大阿羅漢諸漏已盡心得自在所作
辦離諸煩惱調伏諸根猶如大龍有大威德
成就空慧亦於晨朝日初出時舉身毛竪
遍體血現如波羅奢華涕泣盈目生大苦惱
亦欲利益安樂衆生成就大乘第一空行顯
發如來方便密教為不斷絶種種説法為諸
衆生調伏因緣故疾至佛所稽首佛足遶百
千迊合掌恭敬却坐一面於比丘尼衆中復
有諸比丘尼皆是菩薩人中之龍位階十地
安住不動為化衆生現受女身而常修集四
无量心得自在力能化作佛
尒時復有一恒河沙菩薩摩訶薩人中之龍

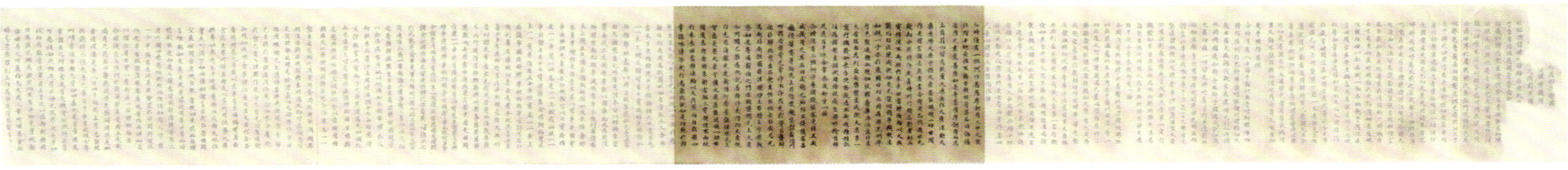

尒時復有一恒河沙菩薩摩訶薩人中之龍
位階十地安住不動方便現身其名曰海德
菩薩无盡意菩薩如是等菩薩摩訶薩而爲
上首具心皆悲敬重大乘安住大乘深解大
乘愛樂大乘守護大乘善能隨順一切世間
作是誓言諸未度者當令得度已於過世无
數劫中脩持淨戒善持所行解未解者紹三
寶種使不斷絶於未來世當轉法輪以大莊
嚴而自莊嚴成就如是无量功德等觀衆生
如視一子亦於晨朝日初出時遇佛光明舉
身毛竪遍體血現如波羅奢華涕泣盈目生
大苦惱亦爲利益安樂衆生成就大乘第一
空行顯發如來方便密教爲不斷絶種種說

尒時復有二恒河沙等諸優婆塞受持五戒
威儀具足其名曰威德无垢稱王優婆塞善
德優婆塞等而為上首深樂觀察諸對治門
所謂苦樂常无常淨不淨我无我實不實歸
依非歸依衆生非衆生恒非恒安非安為无
為斷非斷涅槃非涅槃增上非增上常樂觀
察如是等法對治之門亦欲樂聞无上大乘
如所聞已能為他說善持淨戒渴仰大乘既
自充足復能充足餘渴仰者善能攝取无上
智慧愛樂大乘守護大乘善能隨順一切世
間度未度者解未解者紹三寶種使不斷絕
於未來世當轉法輪以大莊嚴而自莊嚴心
常深味清淨戒行悉能成就如是功德於諸

BD00845　大般涅槃經卷一

常深味清淨柔行悉能成就如是功德於諸
衆生生大悲心平等无二如視一子亦於晨
朝日初出時爲欲闍毗如來身故人人各取
香木万束栴檀沉水牛頭栴檀天木香等是
一一木文理及附皆有七寶微妙光明譬如
種種雜綵畫飾以佛力故有是妙色青黃赤
白爲諸衆生之所樂見諸木皆以種種香塗
欝金沉水及膠香等散以諸華而爲莊嚴優
鉢羅華拘物頭華波頭摩華分陁利華諸香
木上懸五色幡柔濡微妙猶如天衣憍奢耶
衣芻摩繒綵是諸香木載以寶車是諸寶
車出種種光青黃赤白轅輅皆以七寶廁填
是一一車駕以四馬是一一馬駿疾如風一一

垂諸華鬘優鉢羅華拘物頭華波頭摩華分
陁利華其華純以真金為葉金剛為臺是華
臺中多有異蜂遊集其中歡娛受樂又出妙
音所謂无常苦空无我是音聲中復說菩薩
本所行道復有種種歌儛伎樂箏笛箜篌簫
瑟鼓吹是樂音中復出是言苦哉苦哉世間
空虛一一車前有優婆塞擎四寶案是諸案上有種
種華優鉢羅華拘物頭華波頭摩華分陁利華薝
金諸香及餘薰香微妙第一諸優婆塞為佛及僧辦
諸食供種種備足皆是栴檀沉水香薪八功德水之
所成熟其食甘美有六種味一苦二醋三甘四辛五鹹六
淡復有三德一者輕軟二者淨潔三者如法作如
是等種種莊嚴至力士生處娑羅雙樹間復
以金沙遍布其地以迦陵伽衣欽婆羅衣及

是等種種莊嚴至力士生處娑羅雙樹間復
以金沙遍布其地以迦陵伽衣欽婆羅衣及
繒綵衣而覆沙上周匝遍滿十二由旬為佛
及僧敷置七寶師子之座其座高大如須弥
山是諸座上皆有寶帳垂諸瓔珞諸娑羅樹
悉懸種種微妙幡蓋種種好香以塗樹身種
種名花以散樹間諸優婆塞各作是念一一
衆生若有所之須食與食須飲與飲須頭與
頭須目與目隨諸衆生所須之物皆悉給與作
是施時離欲瞋恚穢濁毒心无餘思惟求世
福樂唯期无上清淨菩提是優婆塞等皆
已安住於菩提道復作是念如來今者受
我食已當入涅槃作是念已身毛皆竪遍體
血現如波羅奢華涕淚盈目生大苦惱各各

食疾至佛所稽首佛足以其所持供養之具
供養如來遶百千匝舉聲號泣哀動天地推
胷大叫淚下如雨復相謂言苦哉仁者世間
空虛世間空虛便自舉身投如來前而白佛
言唯願如來哀受我等最後供養世尊知時
默然不受如是三請悉皆不許諸優婆塞不
果所願心懷悲惱默然而住猶如慈父唯有
一子卒病喪亡送其屍骸置於冢間歸還悵
恨愁憂苦惱諸優婆塞憂愁苦惱亦復如是
以諸供具安置一處却在一面默然而坐
尒時復有三恒河沙諸優婆夷受持五戒威
儀具足其名曰壽德優婆夷德鬘優婆夷毗
舍佉優婆夷等八万四千而為上首悉能堪
任護持正法為度無量百千衆生故現女身

舍佉優婆夷等八万四千而為上首悉能堪
任護持正法為度无量百千衆生故現女身
呵嘖家法自觀己身如四毒虵是身常為无
量諸虫之所唼食是身臭穢貪欲獄縛是身
可惡猶如死狗是身不淨九孔常流是身如
城血肉筋骨皮裹其上手足以為却敵樓櫓
目為竅孔頭為殿堂心王處中如是身城諸
佛世尊之所棄捨凡夫愚人常所味着貪欲
瞋恚愚癡羅剎止住其中是身不堅猶如[illegible]

BD00846

大方等大集經（异卷）卷二六

（北涼）曇無讖等 譯

799.6cm × 25.6cm

□□瞻
方見已白佛言世尊何因緣故无[illegible]
西方來趣於東方佛言善男子東方去此卌
恒河沙等世界彼有世界名曰娑婆具足五
滓釋迦如來以是因緣爲諸衆生宣說妙法
名曰大集分別三乘爲不斷絕三寶性故破
魔界故竪法幢故一切十方无量諸佛悉集
彼國咸共宣說寶幢陁羅尼說已各各還本
住處釋迦如來爲諸菩薩及聲聞衆敷陽宣
說四无导智清淨梵行善男子汝今頗欲詣
彼世界見彼佛不我今亦欲与彼佛欲所謂
斷業陁羅尼隨无願定成就具足无量功德
[illegible]

尊即說陁羅尼句
尒時佛告光密功徳言善男子汝持是持至
彼世界先問起居然後說之時諸菩薩白佛
言世尊我已受持是陁羅尼我雖欲往然生
畏相何以故曾從佛聞彼土衆生惡見成就多
貪恚癡隨女人語能速造作阿鼻獄業佛言善
男子汝非彼土諸四天下二界中間廿一日大金
翅鳥恐怖大海六万四千億諸大龍王令淨
歸依佛法僧寶發菩提心耶世尊實如聖教
善男子國土亢旱汝非爲龍金翅鳥龍於七
日中降注大雨令諸惡龍生恐怖耶世尊實
如所言善男子汝於如是諸惡龍中猶不生

如所言善男子汝於如是諸惡龍中猶不生
畏何緣於彼而生畏耶世尊辟如智人聞於
他處多有寶藏是人即往以抓把之把已漸
見心生歡喜意无疲厭我亦如是因問如來得
聞如是實語實語因聞是語得大勢力能執
佛印調伏彼土佛言善哉善哉善男子我當
施汝大神良呪能淨諸業淨於因緣淨於調
伏淨於欲淨增長淨平等淨惡風淨行淨无
明淨生死淨一切煩惱淨一切三界有為之
法淨於此彼是名曰呪善男子如是神呪彼
國聞已上中下結皆悉微薄色无色有亦復
如是皆得超越恒河沙等劫中諸業一切五

是人一切惡罪皆悉消滅除五逆罪謗方等
經毀呰聖人犯四重禁是人所求乃至菩提
隨意即得若欲脩行檀波羅蜜乃得成就乃
至般若波羅蜜亦復如是善男子娑婆世界
所有眾生无有因緣得呵責法何以故十方
世界可擯遣諸惡眾生皆往生彼娑婆世界
是故能作五逆罪謗方等經毀呰聖人犯四
重業是人以是業因緣故多生惡道受无量
苦既受苦已又不能得十善之法以是因緣
復還生於娑婆世界是人若本脩集信根乃
至惠根終不生於弊惡國土以脩如是惡
法因緣故生於惡國諸根殘缺不具人身无

法曰緣故生於惡國諸根殘缺不具人身无
有念心飲食衣被卧具醫藥叢身資生所須
難得壽命短促不得安眠智惠善根福德不
具吉事尠少无有慈心樂行惡業樂脩惡見
樂讀耶書樂信惡友樂發惡願多諸病苦多
惡擾務常書增長三惡道法敬事耶神受性
弊惡調戲嫉妬具足成就諸不善業樂謗三
寶樂行三惡道善男子是惡衆生聞是呪已
於生死法而生悔心離三惡道脩集信根乃
至惠根之樂脩行六波羅蜜清淨梵行增壽
益算除惡病苦智惠熾盛親厚无損一切善
法无有耗減具足成就十善之法長益三寶

恭敬信三寶諮啓妙法讀誦書冩得歡喜心
以是因緣即得過於三惡道業若有未來重
惡之罪即現在受苦遇頭痛若失財物眷屬
離壞惡名遠聞若被打罵則得除滅善男子
如是神呪成就具足无量功德能壞一切所
有惡業能爲衆生作大利益能浣衆生无量
惡心作大光明得大念心作大寂靜是人常
爲十方諸佛菩薩聲聞緣覺諸天龍鬼人王
之所擁護是人臨死得見十方无量諸佛聞
佛所說諸佛讚言善哉善哉善男子汝來生
我淨妙國土我能令汝速住十地是人尋時
生歡喜心歡喜心故則得深信以是因緣即
得生於淨妙國土生已即皆十住正位得阿

生歡喜心歡喜心故即得深信以是因緣即
得生於淨妙國土生已即階十住正位得阿
耨多羅三藐三菩提善男子汝可受持如是
陁羅尼讀誦通利向娑婆世界先往問訊釋
迦如來然後宣說尒時世尊即說此陁羅尼
尒時彼佛說此陁羅尼已時彼會中復有无
量菩薩大衆同聲讚言善哉善哉我等今者亦
欲往彼彼佛告言宜知是時汝若往者一切變
身那羅延像皆言如是世尊尒時光密菩薩与
諸大衆一切化爲那羅延像俱供養來至娑婆
界既至此已於虛空中雨細金沙持以供養釋
迦如來既受供已從空而下頭面敬禮右遶
三匝却住一面尒時北方過於八万恒河沙

是中有佛號[illegible]
足善逝世間解无上士調御丈夫天人師佛
世尊今現在為諸衆生宣說法化彼大衆中
有一菩薩名虚空密在會聽法仰瞻虚空見
諸菩薩其數无量從北方来趣於南方即白
佛言世尊何因緣故无量菩薩從北方来趣
於南方佛言善男子南方過於八万恒河沙
等諸佛世界彼有世界名曰娑婆具足五濁
有佛世尊名釋迦牟尼今現在為諸衆生宣
說妙法分別三乘豎大法幢廣說法聚十方
諸佛悲集彼國為諸菩薩解說寶幢陁羅尼
已各各還本所住處釋迦如来故為大衆菩
薩聲聞宣說法要多有秘密甘露之語若欲
[illegible]

薩聲聞宣說法要多有秘密甘露之語若欲
聽者可往彼國釋迦如来常發大願若有十
方諸菩薩等来聽我語即得十八不共之法
又復願言我成佛已願我土地具足上味彼
佛世界所有菩薩有大念心精進持戒智
慧具足猶如諸佛清淨世界備集禪定成就
具足若入禪定其身放光或如一燈或如百
千无量日月悉共集會聽佛說法若有十方
諸菩薩等来至彼者皆從定起往至彼國覲
見釋迦牟尼如来及其大會聽陀羅尼遊戲
神通善男子汝欲往娑婆世界彼土衆生受
命短促多諸惡病智慧善根福德善行皆悉

或有親行捨是身已即於其國作大惡鬼乃
至作惡迦那富单那作惡鬼已收取地味乃
至一切菓蓏穀米草木等味若有食者身浮
惡病无有勢力是諸惡鬼常伺衆生初生長
大能斷其命是故其土衆生短壽善男子我
本脩集菩提道時〻常發願〻我來世常憙
精進不住不息恭敬供養无量諸佛聽受正
法問難深義我當云何護嬰胎者令其母子
產生安隱若天龍鬼若羅刹鬼若阿脩羅若
迦數羅若緊那羅若摩睺羅迦若拘辦荼若
茘蕠多若毗舍遮若富单那若迦多富单那
若受多羅若阿衛朱羅若一行乃至四行若

[illegible]
若受多羅若阿衛朱羅若一行乃至四行若
起死屍鬼若毒治道若惡藥若輩身心如是
等事不能爲毋子作惡乃至生已乳餔飲食
長養大時不能作惡令其心濁乃至夢中
亦復如是常行十善樂施樂義於三惡道心
生怖畏世尊有何呪藥能辦是事時无量佛
即時施我淨陁羅尼以是持力令我於注无
量世中調伏无量无數衆生勸之令行六波
羅蜜我於无量无數世中常念何處有是任
身諸女人等防遮惡鬼乃至惡藥是故我注
先教三歸教三歸已一切惡衆及諸毒藥无
能加害是是生已常得善心智慧具足身體
[illegible]

處在房靜樂脩禪定近善知識具足智恵壞
諸苦惱一切天鬼樂爲供養猒離生死甘露
涅槃若發无上菩提之心即得阿耨多羅三
藐三菩提若發辟支佛心即得辟支佛道若
發聲聞心即得如實忍是諸衆生永離惡趣
常行善道善男子我以如是无量方便調伏
衆生爲阿耨多羅三藐三菩提善男子若有
衆生遇大重病取師子皮以呪之持与病者
如其无皮若肉若骨若无肉骨若取糞除及
屎處土若无糞土以呪結索或作符書以与
病者病即除愈若樹无華菓以呪雨水持以
溉灌使得華菓若亢旱時求覓龍心五反呪
之置龍器中則降大雨若多雨時壞收穀處

病者病[illegible]

溉灌便得華菓若亢旱時求覓龍心五反呪
之置龍泉中則降大雨若多雨時壞敗穀麦
城邑聚落求蜂蛇皮七反呪之置龍泉中淋
雨則止若其國土多有恠異惡風惡土惡星
日月應於七日中淨自洗浴服食乳糜七日
之中讀誦是呪諸異惡恠尋即消滅善男子
若有人聞是陀羅尼所有煩惱尋即薄少入
正定聚善男子我以如是无量方便調伏衆
生令得脩集大波羅蜜乃至得阿耨多羅三
藐三菩提善男子是陀羅尼能為衆生作大
利益能斷一切諸惡重病能護一切任身女
人處胎者滅一切結知陰入界摧伏四魔所

[illegible]

論令諸四性心生歡喜能令女人貪心除息
令多聞者念心堅牢坐禪之人心得善寂能
壞一切國土惡相令三寶種无有斷絶能令
法果增長无減能令佛法廣普流布能壞一
切无明癡聚能得盡智及无生智尒時世尊
即說此陁羅尼句
畢竟盡苦是名爲呪說是呪時彼大衆中六
万億人得如法忍復有六万人入正定衆善
男子我今以是淨陁羅尼与彼佛欲汝當受
持諷誦讀寫時虚空藏菩薩摩訶薩敬承佛
受持讀寫是陁羅尼与无量菩薩俱共來
至娑婆界悉自變身爲轉輪王以種種寶供
養如來頭面敬礼右遶三匝却坐一面

王娑婆界悉自變身爲轉輪王以種種寶供
養如來頭面敬礼右遶三匝却坐一面

大方等大集經甘露分別説欲品第三

尒時頻婆娑羅王見无量菩薩或作梵像及
諦釋像那羅延像轉輪王像從坐而起敬意
合掌在一面立尒時甘露菩薩摩訶薩即於
佛前以偈讚嘆

於諸之中最殊勝　施諸惡見大光明
行正道者施法印　摧滅惡龍及四魔
堅竪法幢施解脫　以大法炬壞衆闇
親近善友脩集之　愍衆生故説福田
佛法僧寶甚難得　人身信心亦復難

四方諸佛遣我來　　令於大會說与欲
甘露菩薩說是偈讚已如本佛土所教戒事
悉皆說之尒時世尊告舍利弗是陀羅尼四
方諸佛所与欲也為欲利益此土衆生舍利
弗汝當受持讀誦書寫是陀羅尼於四衆中
廣分別說時虛空藏菩薩摩訶薩復以偈讚
於佛
如來真實知法界　　示魔衆生正真道
若有真實生信心　　是則能破三惡道
供養如來一香華　　无量世受无上樂
无量世中身具足　　亦得无上真智慧
若能一聞是捴持　　即能摧滅諸煩惱

若能一聞是總持　即能摧滅諸煩惱
一切人天所供養　獲得无生及盡智

大方等大集經日密分中品第四

尒時世尊告四大菩薩善男子汝若樂住此
世界者隨意脩集所有善法時四菩薩及其
大衆即便各各隨意入定既入定已身出光
明猶如一燈乃至猶如无量日月尒時大德
阿若憍陳如承佛神力即作是念我今若問
如來一義如來因是或當分別廣說如是四
陁羅尼如來說時其聲必聞娑婆世界衆生
聞已起同心懷於向法中得大光明度於彼
岸到正定聚不墮惡道一切惡行純善之法

尊寶欲諮啓唯願聽許佛言憍陳如汝今智
時我當破壞一切疑网憍陳如言如佛經中
說有二種所謂愛与士夫行於生死云何名
愛云何士夫何故如來說是二種行於生死
佛言善哉善哉憍陳如快發斯問能大利益
无量衆生是知時問是如答問諦聽諦聽吾
當爲汝分別解說憍陳如愛有三種所謂欲
愛色无色愛復有三種所謂有愛斷愛法愛
憍陳如云何欲愛所言欲愛者名爲放逸放
逸因緣則爲貪皋以皋因緣則生樂相樂相
因緣則燋身心燋身心故樂行十惡十惡因
緣則能增長三惡道苦若受人身貧窮困苦貪
因緣故互道受生生在羊中多受苦惱雖受

緣則能增長三惡道苦若受人身貧窮困苦貧
因緣故五道受生生在羊中多受苦惱雖受
是苦心无慚愧不生悔恨善因少善還得人
身愛心增長愛增長故身口不淨造作无量
諸重惡業乃至五逆以是因緣復於地獄受
大苦惱一切受苦皆因愛心是故如來爲愛解
脫宣說正法呵責欲法若有衆生得聞如是呵
責欲已觀欲如菓如火毒樹毒兔行廁如刀如
賊如旃陁羅如熱鐵丸如惡雹雨如惡暴風
毒虵怨家空野羅剎如敵害人如棗如冢若
有人能作如是觀是人所有愛之与貪愛臟
愛著愛宅愛埶愛增等法尋即除滅滅已念
法樂法學法愛法取法憓求於法財法藏法

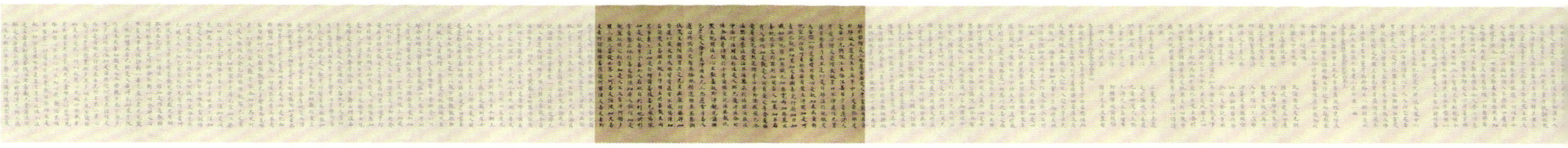

法念故[illegible]
衆生既聞法已心生歡喜故即得覩見諸佛
色身是人捨身生淨國土无三惡道常与善人
遊心共俱具足智惠捨施精進脩集慈悲調
伏衆生斷煩惱習具足无量莊嚴功德辟如
香蓮以盛衣服衣服皆香蓮香不減憍陳如
若諸衆生善願力故生淨國土共善衆生同
其事業亦復如是自增諸善彼善无减憍陳
如是故善男子善女人若欲自利利他俱利
常當懃求依於善友憍陳如若人能作如是
觀察欲性之相當知是人不久當得阿耨多
羅三藐三菩提世尊云何善友憍陳如夫善
友者所謂諸佛菩薩諸阿羅漢又善友者即

羅三藐三菩提世尊云何善友[illegible]
友者所謂諸佛菩薩諸阿羅漢又善友者即
我身是何以故我常憐愍一切衆生能說諸
欲所有過患是故大衆應受我語我所出語
終无有二言不虛妄不兩舌語非无義語非
麁惡語所言成實慈語悲語安衆生語我今
說語欲罪過汝等應當一心受持既受持已
脫三惡道疾得阿耨多羅三藐三菩提尒時
娑婆世界一切衆生同發聲言世尊唯願宣
說欲之罪過我等今當至心受持佛言諸善
男子有四種欲一者色欲二者形欲三者天
欲四者欲欲是名爲四云何色欲四大造色
凡夫不見无我衆生生顛倒想見男女相上
[illegible]

是遠離善根及善知識不能善護身口意業
是故名為惡法之聚何以故不能觀察欲解
脫故以是義故增三惡道受於地獄餓鬼畜
生身无量世中受大苦惱皆由貪欲貪欲因
緣令欲增長諸有智者觀察女色見不淨相
皮膚肌肉筋骨血脉見已心樂脩集是相如
女身男身亦尒如近遠亦如是如此彼亦如是
如他自亦如是是人若能脩集是心即於貪
愛疾得解脫觀是身骨筋節相連心隨身行
尒時係心在於頦上如來許處心樂脩集如
是相已身得寂靜不見惡相不見惡事不見
惡緣是則名為奢摩他名心寂靜云何復名

是相巳身浸寂靜不見惡相不見異[illegible][illegible]
惡緣是則名爲奢摩他名心寂靜云何復名
身寂靜也是人入定滅於入息既无入息何
有出息是則名爲身心寂靜身心寂靜即奢
摩他之因緣也是人觀身所有骨節離散如
沙爲風所吹見巳即生空无物相觀於虛空
是即名爲身心寂靜是名因於奢摩他定而得
解脫世尊虛空相者是有爲相不憍陳如是有爲
相世尊虛空若是有爲相者爲是自相是他相
耶憍陳如若能觀察一切法界及有爲界是
名自相何以故若能觀察色寂靜者即見佛
身所以者何若人觀骨能令如沙爲風所
吹是人能破色貪色欲能深觀察色之實

見如來卅二相八十種好十方世界亦復如
是是人若得悔生死法即自思惟我當問佛
如是虛空誰之所作當云何滅作是念已我
已問已我已知已虛空之性无有作者當何
所滅言虛空者无有覺觀无物无數无有相
貌无出无滅一切諸法亦復如是作是觀時
得阿那含果是阿那含悉斷一切貪欲之心
唯有五事未能除斷一者色愛二者无色愛
三掉四憍五者无明是人若得見如來身便
作是念我當知數是人尒時觀少見少觀多
見多復作是念如是諸佛從何處來復作是
念如是諸佛无所從來去无所至我三界心

念如是諸佛无所從來去无所至我三界心
是心因身我隨覺欲多見多欲少見少諸佛
如来即是我心何以故隨心見故心即我身
身即虛空我因覺觀見无量佛我以覺心見
佛知佛心不見心心不知心我觀法界性
不堅牢一切諸法皆從覺觀因緣而生是
故一切所有性相即是虛空虛空之性亦復
是空若有初發菩提心者當觀无量諸法因
緣是人若發求聲聞心尒時即得无相三昧
令彼无明永滅寂靜亦復獲得隨順空忍是
人若見虛空是空尒時即得身心寂靜是則
名為空解脫門取阿羅漢則為不難若復脩

得脩空忍六万衆生得空三昧解脫門二万
衆生悉得現見諸佛三昧八万四千衆生得
阿羅漢果无量衆生得須陁洹果復次憍陳
如若有比丘自觀己身作不淨想不能調伏
自己心者是人次應諦觀死屍若青色若爛
壞若赤色若膖脹若離散若骨白如貝當係
觀心樂住何處知已即取如觀外色自身亦
尒若青色乃至如貝如晝夜亦如是如夜晝
亦如是如去來亦如是如來去亦如是尒時
若見外物樹木人畜雜物皆作骨相作是觀
已乃至命終不生貪心是人現在能離於欲
他世未能是人若能獲得脩空陁羅尼者即
能觀骨住雖復相如妙微塵若自若他不見

他世未能是人若能獲得脩空陁羅尼者即
能觀骨作離散相如沙微塵若白若他不見
色相如一微塵即時獲得虛空之相見一切
色如青流璃見已復觀虛空黃色能觀黃色
赤色白色雜色流離色若見地水亦如流離
是人能觀一切大地如四指許若欲動者即
以足指躡之令動隨意又近乃至大地樹木
山河悉爲之動若觀諸水作種種色或分陁
利花憂鉢羅花拘物頭花波頭摩花於一切
水行住坐臥觀一切山作種種色其形細濡
如兜羅綿而於其中行住坐臥又自觀身輕
澍如風作是觀已能旋虛空行住坐臥是人
復入火光三昧身放種種如色光明又復旋

時隨其所觀方面悉得見佛多觀多見少觀
少見見已復念諸佛世尊无所從來去无所
至我三界心是心因身我隨覺觀欲多見多
欲少見少諸佛如來即是我心何以故隨心
見故心即我身即是虛空我因覺觀見无量
佛我以覺心見佛知佛心不見心心不知心
我觀法界性无堅牢一切諸法皆從覺觀因
緣而生是故法性即是虛空虛空之性亦
復是空我因是心見青黃赤白離色虛空作
神變已所見如風无有真實是則名為共
凡夫人如實陀羅尼是人復作是念若有虛
空即是无眼无有覺觀不可宣說如我心離

空即是无取无有覺觀不可宣說如我心離
觀虛空相亦觀心相不作遠離離一切作不
作發心設發尋滅以心緣滅故是心便滅淨
身口意脩集滅定是人長夜係心在定從滅定
起捨其壽命入於涅槃是名不共凡夫如實
陁羅尼云何名為共凡夫人如實陁羅尼
若有能作如是思惟我隨意觀色即是見色
即我心我心即色如我遠離一切色相觀虛
空相是人尒時脩虛空相是則名為共凡夫
人如實陁羅尼若有能作如是觀色即是虛
空我以如是色因緣故得觀虛空虛空之性
名无動尋是風住處如是風者因四大生我

差別一切法性

是虛空者即是无生无滅作是觀時係念如
來作是念已見虛空中有无量佛即時獲得
阿那含果是名不共凡夫如實陀羅尼也復
作是念言虛空者即是我也即是淨我即是
我心我者无色如空无邊我亦如是是名共
凡夫如實陀羅尼若有能觀一切法中无我
无我所言空處者即是无色无有我若念如
來若觀如來即是我也我見佛已得沙門果
乃至阿羅漢果是名不共凡夫如實陀羅尼
也若觀淨我者即是虛處空即我心若能永
斷一切煩惱即是淨心若能脩集八直正道
是名淨心能如是脩即能獲得須陀洹果乃

共凡夫如實陀羅尼復有

是名淨心能如是脩即能獲淂須陁洹果乃
至阿羅漢是名不共凡夫如實陁羅尼復有
觀色相者即分別相分別相者即是瞋相瞋
恚相者即生死相我今為斷生死相故觀心
相空是名共凡夫如實陁羅尼又復觀我即
是寂靜我今亦未斷於覺觀若我觀我我如
虛空我我者即是苦苦所從生即名為集如
是苦集是可斷法是名為滅觀苦集滅是名
為道淂須陁洹果乃至阿羅漢是名不共凡
夫如實陁羅尼又復念言我何以故觀於虛
空空者即我我若遠離虛空觀者次觀識處
如虛空觀識觀亦尒如空无邊心亦如是是

觀苦集滅是名爲道得須陁洹果乃至阿
羅漢果是名不共凡夫如實陁羅尼若觀識
處即是覺觀創疪煩惱如我遠離空處識處
脩无想處是人脩无想已得无想定是名共
凡夫如實陁羅尼若觀識處即是創疪苦惱
之法如我遠離觀於識相次觀无想相言无
想者即是无我无我所相作是觀已即得
須陁洹果乃至阿羅漢果是名不共凡夫如
實陁羅尼若有能觀无想處者即是細想如
我遠離是无想處觀非有想非无想處是名
共凡夫如實陁羅尼若觀非想非非想處
即是大苦是處可斷可得解脫作是觀時得

共凡夫如實陀羅尼若觀非想非非想處
即是大苦是處可斷可得解脫作是觀時得
須陀洹果乃至阿羅漢果永斷一切欲貪色
貪離凡夫名得聖人号永斷一切三惡道因
是名如實陀羅尼也是彼諸佛之所遣來甘
露菩薩所賷持欲能斷一切諸結煩惱一切
惡見我見取見戒見常見斷見命見作見士
夫見受見色見身見出見四大見能斷如是
等見是陀羅尼善能了達陰入界等能淨諸
見能令受者永受安樂俎壞衆魔調伏惡龍
令諸天喜壞阿脩羅調迦樓羅能喜剎利婆
羅門毗舍首陀能斷惡欲令坐禪者貪樂家
靜能療一切諸惡重病能防一切諸惡鬪諍

[illegible]
陁洹果无量衆生得阿羅漢果无量衆生獲
得是持无量衆生發阿耨多羅三藐三菩提
心无量衆生得无生忍

大方等大集經卷第廿六

BD00846　大方等大集經（异卷）卷二六　　（18－18）

BD00847　妙法蓮華經卷五

（後秦）鳩摩羅什 譯

977cm × 26.6cm

佛若爲
臆乃至爲法猶不
樂畜年少弟子沙弥小兒亦不
好坐禪在於閑處脩攝其心文
近處復次菩薩摩訶薩觀
相不顛倒不動不退不轉如
空无所有性一切語言道斷不生不出不
名无相實无所有无量无邊无礙无障
緣有從顛倒生故說常樂觀如是法
薩摩訶薩第二親近處尒時世尊
而說偈言
後惡世　无怖畏心　欲說是經
親近處　常離國王　及國王子
長
凶險戲者　及旃陀羅　外道梵志

深著五欲　求現滅度　諸優婆夷　皆勿親近
若是人等　以好心來　到菩薩所　為聞佛道
菩薩則以　无所畏心　不懷悕望　而為說法
寡女處女　及諸不男　皆勿親近　以為親厚
亦莫親近　屠兒魁膾　畋獵魰捕　為利煞害
販肉自活　衒賣女色　如是之人　皆勿親近
凶險相撲　種種嬉戲　諸婬女等　盡勿親近
莫獨屏處　為女說法　若說法時　无得戲笑
入里乞食　將一比丘　若无比丘　一心念佛
是則名為　行處近處　以此二處　能安樂說
又復不行　上中下法　有為无為　實不實法
亦不分別　是男是女　不得諸法　不知不見
是則名為　菩薩行處　一切諸法　空无所有
无有常住　亦无起滅　是名智者　所親近處

是則名為 菩薩行處 一切諸法 空无所有
无有常住 亦无起滅 是名智者 所親近處
顛倒分別 諸法有无 是實非實 是生非生
在於閑處 脩攝其心 安住不動 如須弥山
觀一切法 皆无所有 猶如虛空 无有堅固
不生不出 不動不退 常住一相 是名近處
若有比丘 於我滅後 入是行處 及親近處
說斯經時 无有怯弱 菩薩有時 入於靜室
以正憶念 隨義觀法 從禪定起 為諸國王
王子臣民 婆羅門等 開化演暢 說斯經典
其心安隱 无有怯弱 文殊師利 是名菩薩
安住初法 能於後世 說法華經
又文殊師利 如來滅後 於末法中 欲說是經
應住安樂行 若口宣說 若讀經時 不樂說人
及經典過 亦不輕慢 諸餘法師 不說他人好
惡長短於聲聞人亦不稱名說其過惡亦不

是安樂心故諸有聽者不逆其意有難問
不以小乘法荅但以大乘而為解說令得一
切種智尒時世尊欲重宣此義而說偈言
菩薩常樂　安隱說法　於清淨地　而施床座
以油塗身　澡浴塵穢　著新淨衣　內外俱淨
安處法座　隨問為說　若有比丘　及比丘尼
諸優婆塞　及優婆夷　國王王子　群臣士民
以微妙義　和顏為說　若有難問　隨義而荅
因緣譬喻　敷演分別　以是方便　皆使發心
漸漸增益　入於佛道　除嬾惰意　及懈怠想
離諸憂惱　慈心說法　晝夜常說　无上道教
以諸因緣　无量譬喻　開示衆生　咸令歡喜
衣服卧具　飲食醫藥　而於其中　无所悕望

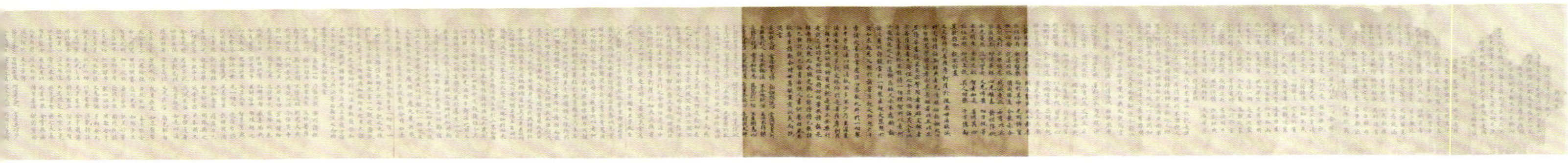

以諸因緣　无量譬喻　開示衆生　咸令歡喜
衣服卧具　飲食醫藥　而於其中　无所悕望
但一心念　説法因緣　願成佛道　令衆亦尒
是則大利　安樂供養　我滅度後　若有比丘
能演説斯　妙法華經　心无嫉恚　諸惱障礙
亦无憂愁　及罵詈者　又无怖畏　加刀杖等
亦无擯出　安住忍故　智者如是　善脩其心
能住安樂　如我上説　其人功德　千万億劫
筭數譬喻　説不能盡
又文殊師利菩薩摩訶薩於後末世法欲滅
時受持讀誦斯經典者无懷嫉妬諂誑之心
亦勿輕罵學佛道者求其長短若比丘比丘
尼優婆塞優婆夷求聲聞者求辟支佛者
求菩薩道者无得惱之令其疑悔語其人言汝
等去道甚遠終不能得一切種智所以者何

諸如來起慈父想於諸菩薩起大師想於十
方諸大菩薩常應深心恭敬礼拜於一切衆
生平等說法以順法故不多不少乃至深愛
法者亦不為多說文殊師利是菩薩摩訶薩
於後末世法欲滅時有成就是第三安樂行
者說是法時无能惱亂得好同學共讀誦是
經亦得大衆而來聽受聽已能持持已能誦
誦已能說說已能書若使人書供養經卷恭
敬尊重讚歎尒時世尊欲重宣此義而說
偈言
若欲說是經　當捨嫉恚慢　諂誑耶偽心　常脩質直行
不輕蔑於人　亦不戲論法　不令他疑悔　云汝不得佛
是佛子說法　常柔和能忍　慈悲於一切　不生懈怠心
十方大菩薩　愍衆故行道　應生恭敬心　是則我大師

十方大菩薩　愍衆故行道　應生恭敬心　是則我大師
於諸佛世尊　生无上父想　破於憍慢心　說法无障礙
第三法如是　智者應守護　一心安樂行　无量衆所敬
又文殊師利菩薩摩訶薩於後末世法欲滅時
有持是法華經者於在家出家人中生大慈
心於非菩薩人中生大悲心應作是念如是
之人則為大失如来方便隨宜說法不聞不
知不覺不問不信不解其人雖不問不信不
解是經我得阿耨多羅三藐三菩提時隨在
何地以神通力智慧力引之令得住是法中
文殊師利是菩薩摩訶薩於如来滅後有
成就此第四法者說是法時无有過失常為
比丘比丘尼優婆塞優婆夷國王王子大臣
人民婆羅門居士等供養恭敬尊重讚歎虛空

故而衛護之能令聽者皆得歡喜所以者何
此經是一切過去未來現在諸佛神力所護
故文殊師利是法華經於无量國中乃至名
字不可得聞何況得見受持讀誦文殊師利
譬如強力轉輪聖王欲以威勢降伏諸國而諸
小王不順其命時轉輪王起種種兵而往討伐
王見兵衆戰有功者即大歡喜隨功賞賜或與田
宅聚落城邑或與衣服嚴身之具或與種種珍
寶金銀瑠璃車𤦲馬瑙珊瑚虎珀象馬車乘奴婢
人民唯髻中明珠不以與之所以者何獨王頂上有此一
珠若以與之王諸眷屬必大驚怪文殊師利如來
亦復如是以禪定智慧力得法國土王於三界而諸
魔王不肯順伏如來賢聖諸將與之共戰其
有功者心亦歡喜於四衆中為說諸經令其
心悅賜以禪定解脫无漏根力諸法之財又

心恱賜以禪定解脫无漏根力諸法之財又
復賜與涅槃之城言得滅度引導其心令皆
歡喜而不為説是法華經文殊師利如轉輪
王見諸兵衆有大功者心甚歡喜以此難信
之珠久在髻中不妄與人而今與之如来亦復
如是於三界中為大法王以法教化一切衆生
見賢聖軍與五陰魔煩惱魔死魔共戰
有大功勳滅三毒出三界破魔網尒時如来
亦大歡喜此法華經能令衆生至一切智一
切世間多怨難信先所未説而今説之文殊
師利此法華經是諸如来第一之説於諸説
中㝡為甚深末後賜與如彼強力之王久護
明珠今乃與之文殊師利此法華經諸佛如
来秘密之藏於諸經中㝡在其上長夜守護

常行忍辱　哀愍一切　乃能演說　佛所讚經
後末世時　持此經者　於家出家　及非菩薩
應生慈悲　斯等不聞　不信是經　則為大失
我得佛道　以諸方便　為說此法　令住其中
譬如強力　轉輪之王　兵戰有功　賞賜諸物
象馬車乘　嚴身之具　及諸田宅　聚落城邑
或與衣服　種種珎寶　奴婢財物　歡喜賜與
如有勇健　能為難事　王解髻中　明珠賜之
如來亦尒　為諸法王　忍辱大力　智慧寶藏
以大慈悲　如法化世　見一切人　受諸苦惱
欲求解脫　與諸魔戰　為是衆生　說種種法
以大方便　說此諸經　既知衆生　得其力已
末後乃為　說是法華　如王解髻　明珠與之
此經為尊　衆經中上　我常守護　不妄開示

此經爲尊　衆經中上　我常守護　不妄開示
今正是時　爲汝等說　我滅度後　求佛道者
欲得安隱　演說斯經　應當親近　如是四法
讀是經者　常无憂惱　又无病痛　顔色鮮白
不生貧窮　卑賤醜陋　衆生樂見　如慕賢聖
天諸童子　以爲給使　刀杖不加　毒不能害
若人惡罵　口則閉塞　遊行无畏　如師子王
智慧光明　如日之照　若於夢中　但見妙事
見諸如來　坐師子座　諸比丘衆　圍繞說法
又見龍神　阿脩羅等　數如恒沙　恭敬合掌
自見其身　而爲說法　又見諸佛　身相金色
放无量光　照於一切　以梵音聲　演說諸法
佛爲四衆　說无上法　見身處中　合掌讚佛
聞法歡喜　而爲供養　得陁羅尼　證不退智

國土嚴淨　廣大无比　亦有四衆　合掌聽法
又見自身　在山林中　脩習善法　證諸實相
深入禪定　見十方佛
諸佛身金色　百福相莊嚴　聞法為人說　常有是好夢
又夢作國王　捨宮殿眷屬　及上妙五欲　行詣於道場
在菩提樹下　而處師子座　求道過七日　得諸佛之智
成无上道已　起而轉法輪　為四衆說法　經千万億劫
說无漏妙法　度无量衆生　後當入涅槃　如烟盡燈滅
若後惡世中　說是第一法　是人得大利　如上諸功德

妙法蓮華經從地踊出品第十五

尒時他方國土諸來菩薩摩訶薩過八恒河
沙數於大衆中起立合掌作礼而白佛言世
尊若聽我等於佛滅後在此娑婆世界勤加
精進護持讀誦書寫供養是經典者當於

精進護持讀誦書寫供養是經典者當於
此土而廣說之尒時佛告諸菩薩摩訶薩衆止
善男子不須汝等護持此經所以者何我娑婆
世界自有六万恒河沙等菩薩摩訶薩一一
菩薩各有六万恒河沙眷屬是諸人等能於
我滅後護持讀誦廣說此經佛說是時娑婆
世界三千大千國土地皆震裂而於其中有
无量千万億菩薩摩訶薩同時踊出是諸菩
薩身皆金色三十二相无量光明先盡在此
娑婆世界之下此界虛空中住是諸菩薩聞
釋迦牟尼佛所說音聲從下發來一一菩薩
皆是大衆唱導之首各將六万恒河沙眷屬
況將五万四万三万二万一万恒河沙等眷
屬者況復乃至一恒河沙半恒河沙四分之

乃至一万況復一千一百乃至一十況復將五
四三二一弟子者況復單己樂遠離行如
是等比无量无邊筭數譬喻所不能知是諸
菩薩從地出已各詣虛空七寶妙塔多寶如
來釋迦牟尼佛所到已向二世尊頭面礼足
及至諸寶樹下師子座上佛所亦皆作礼右
繞三帀合掌恭敬以諸菩薩種種讚法而以
讚歎住在一面欣樂瞻仰於二世尊是諸菩
薩摩訶薩從初踊出以諸菩薩種種讚法
而讚於佛如是時間經五十小劫是時釋迦
牟尼佛默然而坐及諸四衆亦皆默然五十小
劫佛神力故令諸大衆謂如半日尒時四衆
亦以佛神力故見諸菩薩遍滿无量百千万
億國土虛空是菩薩衆中有四導師一名上

亦以佛神力故見諸菩薩遍滿无量百千万
億國土虛空是菩薩衆中有四導師一名上
行二名无邊行三名淨行四名安立行是四
菩薩於其衆中最為上首唱導之師在大
衆前各共合掌觀釋迦牟尼佛而問訊言世
尊少病少惱安樂行不所應度者受教易
不不令世尊生疲勞耶尒時四大菩薩而說偈
言
世尊安樂　少病少惱　教化衆生　得无疲惓
又諸衆生　受化易不　不令世尊　生疲勞耶
尒時世尊於菩薩大衆中而作是言如是如
是諸善男子如來安樂少病少惱諸衆生等
易可化度无有疲勞所以者何是諸衆生世
世已來常受我化亦於過去諸佛供養尊
重種諸善根此諸衆生始見我身聞我所說

是之人我今亦令得聞是經入於佛慧尒時
諸大菩薩而說偈言
善哉善哉　大雄世尊　諸衆生等　易可化度
能問諸佛　甚深智慧　聞已信行　我等隨喜
於時世尊讚歎上首諸大菩薩善哉善哉
善男子汝等能於如來發隨喜心尒時弥勒
菩薩及八千恒河沙諸菩薩衆皆作是念我
等從昔已來不見不聞如是大菩薩摩訶薩
衆從地踊出住世尊前合掌供養問訊如來時
弥勒菩薩摩訶薩知八千恒河沙諸菩薩等
心之所念并欲自決所疑合掌向佛以偈問
曰
无量千万億　大衆諸菩薩　昔所未曾見　願兩足尊說
是從何所來　以何因緣集　巨身大神通　智慧叵思議

是從何所来　以何因緣集　巨身大神通　智慧叵思議
其志念堅固　有大忍辱力　衆生所樂見　為從何所来
一一諸菩薩　所將諸眷屬　其數无有量　如恒河沙等
或有大菩薩　將六万恒沙　如是諸大衆　一心求佛道
是諸大師等　六万恒河沙　俱来供養佛　及護持此經
將五万恒沙　其數過於是　四万及三万　二万至一万
一千一百等　乃至一恒沙　半及三四分　億万分之一
千万那由他　万億諸弟子　乃至於半億　其數復過上
百万至一万　一千及一百　五十與一十　乃至三二一
單己无眷屬　樂於獨處者　俱来至佛所　其數轉過上
如是諸大衆　若人行籌數　過於恒沙劫　猶不能盡知
是諸大威德　精進菩薩衆　誰為其說法　教化而成就
從誰初發心　稱揚何佛法　受持行誰經　脩習何佛道
如是諸菩薩　神通大智力　四方地震裂　皆從中踊出

忽然從地出　願說其因緣　今此之大會　无量百千億
是諸菩薩等　皆欲知此事　是諸菩薩衆　本末之因緣
无量德世尊　唯願決衆疑
尒時釋迦牟尼佛分身諸佛從无量千万億
他方國土來者在於八方諸寶樹下師子座
上結跏趺坐其佛侍者各見是菩薩大衆於
三千大千世界四方從地踊出住於虛空各
白其佛言世尊此諸无量无邊阿僧祇菩薩
大衆從何所來尒時諸佛各告侍者諸善
男子且待須臾有菩薩摩訶薩名曰弥勒釋
迦牟尼佛之授記次後作佛已問斯事佛
今荅之汝等自當因是得聞尒時釋迦牟尼
佛告弥勒菩薩善哉善哉阿逸多乃能問佛

佛告弥勒菩薩善哉善哉阿逸多乃能問佛
如是大事汝等當共一心被精進鎧發堅固意
如来今欲顯發宣示諸佛智慧諸佛自在神
通之力諸佛師子奮迅之力諸佛威猛大勢
之力尒時世尊欲重宣此義而說偈言
當精進一心　我欲說此事　勿得有疑悔　佛智叵思議
汝今出信力　住於忍善中　昔所未聞法　今皆當得聞
我今安慰汝　勿得懷疑懼　佛无不實語　智慧不可量
所得第一法　甚深叵分別　如是今當說　汝等一心聽
尒時世尊說此偈已告弥勒菩薩我今於此
大衆宣告汝等阿逸多是諸大菩薩摩訶薩
无量无數阿僧祇從地踊出汝等昔所未見
者我於是娑婆世界得阿耨多羅三藐三菩
提已教化示導是諸菩薩調伏其心令發道
意此諸菩薩皆於是娑婆世界之下此界虚

空中住於諸經典讀誦通利思惟分別正憶
念阿逸多是諸善男子等不樂在衆多有所
説常樂靜處勤行精進未曾休息亦不依止
人天而住常樂深智无有障礙亦常樂於諸
佛之法一心精進求无上慧尔時世尊欲重
宣此義而説偈言
阿逸汝當知　是諸大菩薩　從无數劫來　脩習佛智慧
悉是我所化　令發大道心　此等是我子　依止是世界
常行頭陀事　志樂於靜處　捨大衆憒閙　不樂多所説
如是諸子等　學習我道法　晝夜常精進　為求佛道故
在娑婆世界　下方空中住　志念力堅固　常勤求智慧
説種種妙法　其心无所畏　我於伽耶城　菩提樹下坐
得成最正覺　轉无上法輪　尔乃教化之　令初發道心
今皆住不退　悉當得成佛　我今説實語　汝等一心信
我從久遠來　教化是等衆

令皆住不退　悉當得成佛　我今説實語　汝等一心信
我從久遠来　教化是等衆
尒時弥勒菩薩摩訶薩及无數諸菩薩等心
生疑惑怪未曾有而作是念云何世尊於少
時間教化如是无量无邊阿僧祇諸大菩薩
令住阿耨多羅三藐三菩提即白佛言世尊
如来為太子時出於釋宮去伽耶城不遠
坐於道場得成阿耨多羅三藐三菩提從是已
来始過四十餘年世尊云何於此少時大作
佛事以佛勢力以佛功德教化如是无量大
菩薩衆當成阿耨多羅三藐三菩提世尊此
大菩薩衆假使有人於千万億劫數不能盡
不得其邊斯等久遠已来於无量无邊諸佛
所殖諸善根成就菩薩道常脩梵行世尊如

言是我父生育我等是事難信佛亦如是
得道已來其實未久而此大衆諸菩薩等已
於无量千万億劫爲佛道故勤行精進善入
出住无量百千万億三昧得大神通久脩梵
行善能次第習諸善法巧於問荅人中之寶
一切世間甚爲希有今日世尊方云得佛道
時初令發心教化示導令向阿耨多羅三藐
三菩提世尊得佛未久乃能作此大功德事
我等雖復信佛隨宜所說佛所出言未曾虛
妄佛所知者皆悉通達然諸新發意菩薩於
佛滅後若聞是語或不信受而起破法罪業
因緣唯然世尊願爲解說除我等疑及未來
世諸善男子聞此事已亦不生疑尒時彌 勒
菩薩欲重宣此義而說偈言

菩薩欲重宣此義而說偈言

佛昔從釋種　出家近伽耶　坐於菩提樹　尒來尚未久
此諸佛子等　其數不可量　久已行佛道　住神通智力
善學菩薩道　不染世間法　如蓮華在水　從地而踊出
皆起恭敬心　住於世尊前　是事難思議　云何而可信
佛得道甚近　所成就甚多　願為除衆疑　如實分別說
譬如少壯人　年始二十五　示人百歲子　髮白而面皺
是等我所生　子亦說是父　父少而子老　舉世所不信
世尊亦如是　得道來甚近　是諸菩薩等　志固无怯弱
從无量劫來　而行菩薩道　巧於難問答　其心无所畏
忍辱心決定　端正有威德　十方佛所讚　善能分別說
不樂在人衆　常好在禪定　為求佛道故　於下空中住
我等從佛聞　於此事无疑　願佛為未來　演說令開解
若有於此經　生疑不信者　即當墮惡道　願今為解說
是无量菩薩　云何於少時　教化令發心　而住不退地

尒時佛告諸菩薩及一切大衆諸善男子汝
等當信解如來誠諦之語復告大衆汝等當
信解如來誠諦之語又復告諸大衆汝等當
信解如來誠諦之語是時菩薩大衆弥勒爲
首合掌白佛言世尊唯願說之我等當信受
佛語如是三白已復言唯願說之我等當信
受佛語尒時世尊知諸菩薩三請不止而告
之言汝等諦聽如來秘密神通之力一切世
間天人及阿脩羅皆謂今釋迦牟尼佛出釋
氏宮去伽耶城不遠坐於道場得阿耨多羅
三藐三菩提然善男子我實成佛已來无量
无邊百千万億那由他劫譬如五百千万億
那由他阿僧祇三千大千世界假使有人末
爲微塵過於東方五百千万億那由他阿僧
祇國乃下一塵如是東行盡是微塵諸善男

爲微塵過於東方五百千万億那由他阿僧
祇國乃下一塵如是東行盡是微塵諸善男
子於意云何是諸世界可得思惟挍計知其
數不弥勒菩薩等俱白佛言世尊是諸世
界无量无邊非筭數所知亦非心力及一切聲
聞辟支佛以无漏智不能思惟知其限數我
等住阿惟越致地於是事中亦所不達世
尊如是諸世界无量无邊尒時佛告大菩薩
衆諸善男子今當分明宣語汝等是諸世界
若著微塵及不著者盡以爲塵一塵一劫我
成佛已來復過於此百千万億那由他阿僧
祇劫自從是來我常在此娑婆世界說法教
化亦於餘處百千万億那由他阿僧祇國導
利衆生諸善男子於是中間我說然燈佛等

善男子若有衆生來至我所我以佛眼觀其
信等諸根利鈍隨所應度處處自說名字不
同年幾大小亦復現言當入涅槃又以種種
方便說微妙法能令衆生發歡喜心諸善男
子如來見諸衆生樂於小法德薄垢重者為
是人說我少出家得阿耨多羅三藐三菩提
然我實成佛已來久遠若斯但以方便教化
衆生令入佛道作如是說諸善男子如來所
演經典皆為度脫衆生或說己身或說他身
或示己身或示他身或示己事或示他事諸
所言說皆實不虛所以者何如來如實知見
三界之相无有生死若退若出亦无在世及
滅度者非實非虛非如非異不如三界見於
三界如斯之事如來明見无有錯謬以諸衆
生有種種性種種欲種種行種種憶想分

三界如斯之事如來明見无有錯謬以諸衆
生有種種性種種欲種種行種種憶想分
別故欲令生諸善根以若干因緣譬喻言辭
種種說法所作佛事未曾暫廢如是我成佛
已來甚大久遠壽命无量阿僧祇劫常住不
滅諸善男子我本行菩薩道所成壽命今猶
未盡復倍上數然今非實滅度而便唱言當
取滅度如來以是方便教化衆生所以者何若
佛久住於世薄德之人不種善根貧窮下賤
貪著五欲入於憶想妄見網中若見如來常
在不滅便起憍恣而懷厭怠不能生難遭之
想恭敬之心是故如來以方便說比丘當知
諸佛出世難可值遇所以者何諸薄德人過
无量百千万億劫或有見佛或不見者以此

慕渴仰於佛便種善根是故如来雖不實滅
而言滅度又善男子諸佛如来法皆如是為
度衆生皆實不虛譬如良醫智慧聰達明練
方藥善治衆病其人多諸子息若十二十乃
至百數以有事緣遠至餘國諸子於後飲他
毒藥藥發悶亂宛轉于地是時其父還来歸
家諸子飲毒或失本心或不失者遙見其父
皆大歡喜拜跪問訊善安隱歸我等愚癡
誤服毒藥願見救療更賜壽命父見子等
苦惱如是依諸經方求好藥草色香美味皆
悉具足擣篩和合與子令服而作是言此大良藥
色香美味皆悉具足汝等可服速除苦惱无復
衆患其諸子中不失心者見此良藥色香俱

衆患其諸子中不失心者見此良藥色香俱
好即便服之病盡除愈餘失心者見其父
来雖亦歡喜問訊求索治病然與其藥而不
肯服所以者何毒氣深入失本心故於好色
香藥而謂不美父作是念此子可愍為毒所
中心皆顛倒雖見我喜求索救療如是好藥
而不肯服我今當設方便令服此藥即作是
言汝等當知我今衰老死時已至是好良藥
今留在此汝可取服勿憂不差作是教已復
至他國遣使還告汝父已死是時諸子聞父
背喪心大憂惱而作是念若父在者慈愍我
等能見救護今者捨我遠喪他國自惟孤
露无復恃怙常懷悲感心遂醒悟乃知此藥
色味香美即取服之毒病皆愈其父聞子悉
已得差尋便来歸咸使見之諸善男子於意

万億那由他阿僧祇劫為衆生故以方便力
言當滅度亦无有能如法說我虛妄過者尒
時世尊欲重宣此義而說偈言

自我得佛来　所經諸劫數　无量百千万　億載阿僧祇
常說法教化　无數億衆生　令入於佛道　尒来无量劫
為度衆生故　方便現涅槃　而實不滅度　常住此說法
我常住於此　以諸神通力　令顛倒衆生　雖近而不見
衆見我滅度　廣供養舍利　咸皆懷戀慕　而生渇仰心
衆生既信伏　質直意柔軟　一心欲見佛　不自惜身命
時我及衆僧　俱出靈鷲山　我時語衆生　常在此不滅
以方便力故　現有滅不滅　餘國有衆生　恭敬信樂者
我復於彼中　為說无上法　汝等不聞此　但謂我滅度
我見諸衆生　没在於苦惱　故不為現身　令其生渇仰

我見諸衆生　沒在於苦惱　故不為現身　令其生渴仰
因其心戀慕　乃出為說法　神通力如是　於阿僧祇劫
常在靈鷲山　及餘諸住處　衆生見劫盡　大火所燒時
我此土安隱　天人常充滿　園林諸堂閣　種種寶莊嚴
寶樹多華菓　衆生所遊樂　諸天擊天鼓　常作衆伎樂
雨曼陁羅華　散佛及大衆　我淨土不毀　而衆見燒盡
憂怖諸苦惱　如是悉充滿　是諸罪衆生　以惡業因緣
過阿僧祇劫　不聞三寶名　諸有脩功德　柔和質直者
則皆見我身　在此而說法　或時為此衆　說佛壽无量
久乃見佛者　為說佛難值　我智力如是　慧光照无量
壽命无數劫　久脩業所得　汝等有智者　勿於此生疑
當斷令永盡　佛語實不虛　如醫善方便　為治狂子故
實在而言死　无能說虛妄　我亦為世父　救諸苦患者
為凡夫顛倒　實在而言滅　以常見我故　而生憍恣心

隨應所可度　為說種種法　每自作是意　以何令衆生
得入无上道　速成就佛身

妙法蓮華經分別功德品第十七

尒時大會聞佛說壽命劫數長遠如是无
量无邊阿僧祇衆生得大饒益於時世尊
告弥勒菩薩摩訶薩阿逸多我說是如來壽
命長遠時六百八十万億那由他恒河沙衆生
得无生法忍復千倍菩薩摩訶薩得聞持陁
羅尼門復有一世界微塵數菩薩摩訶薩得
樂說无礙辯才復有一世界微塵數菩薩摩訶
薩得百千万億无量旋陁羅尼復有三千大
千世界微塵數菩薩摩訶薩能轉不退法輪
復有二千中國土微塵數菩薩摩訶薩能轉
清淨法輪復有小千國土微塵數菩薩摩
訶薩八生當得阿耨多羅三藐三菩提復有

訶薩八生當得阿耨多羅三藐三菩提復有
四四天下微塵數菩薩摩訶薩四生當得阿
耨多羅三藐三菩提復有三四天下微塵數
菩薩摩訶薩三生當得阿耨多羅三藐三菩
提復有二四天下微塵數菩薩摩訶薩二生
當得阿耨多羅三藐三菩提復有一四天下
微塵數菩薩摩訶薩一生當得阿耨多羅三
藐三菩提復有八世界微塵數衆生皆發阿
耨多羅三藐三菩提心佛説是諸菩薩摩訶
薩得大法利時於虛空中雨曼陁羅華摩訶
曼陁羅華以散无量百千万億寶樹下師子座
上諸佛并散七寶塔中師子座上釋迦牟尼
佛及久滅度多寶如來亦散一切諸大菩薩
及四部衆又雨細末栴檀沉水香等於虛空中

珞真珞珞珞摩尼珞珞如意珞珞遍
於九方衆寶香爐燒无價香自然周至供養
大會一一佛上有諸菩薩執持幡蓋次第而
上至于梵天是諸菩薩以妙音聲歌无量頌
讚歎諸佛尒時弥勒菩薩從座而起偏袒右
肩合掌向佛而說偈言
佛說希有法　昔所未曾聞　世尊有大力　壽命不可量
无數諸佛子　聞世尊分別　說得法利者　歡喜充遍身
或住不退地　或得陀羅尼　或无礙樂說　万億旋總持
或有大千界　微塵數菩薩　各各皆能轉　不退之法輪
或有中千界　微塵數菩薩　各各皆能轉　清淨之法輪
復有小千界　微塵數菩薩　餘各八生在　當得成佛道
復有四三二　如是四天下　微塵諸菩薩　隨數生成佛
或一四天下　微塵數菩薩　餘有一生在　當成一切智
如是等衆生　聞佛壽長遠　得无量无漏　清淨之果報
復有八世界　微塵數衆生　聞佛說壽命　皆發无上心

一四天下 微塵數菩薩 餘有一生在 當成一切智
如是等眾生 聞佛壽長遠 得无量无漏 清淨之果報
復有八世界 微塵數眾生 聞佛說壽命 皆發无上心
世尊說无量 不可思議法 多有所饒益 如虛空无邊
雨天曼陁羅 摩訶曼陁羅 釋梵如恒沙 无數佛土來
雨栴檀沈水 繽紛而亂墜 如鳥飛空下 供散於諸佛
天鼓虛空中 自然出妙聲 天衣千万種 旋轉而來下
眾寶妙香爐 燒无價之香 自然悉周遍 供養諸世尊
其大菩薩眾 執七寶幡蓋 高妙万億種 次第至梵天
一一諸佛前 寶幢懸勝幡 亦以千万偈 歌詠諸如來
如是種種事 昔所未曾有 聞佛壽无量 一切皆歡喜
佛名聞十方 廣饒益眾生 一切具善根 以助无上心
尒時佛告弥勒菩薩摩訶薩阿逸多其有
眾生聞佛壽命長遠如是乃至能生一念信解

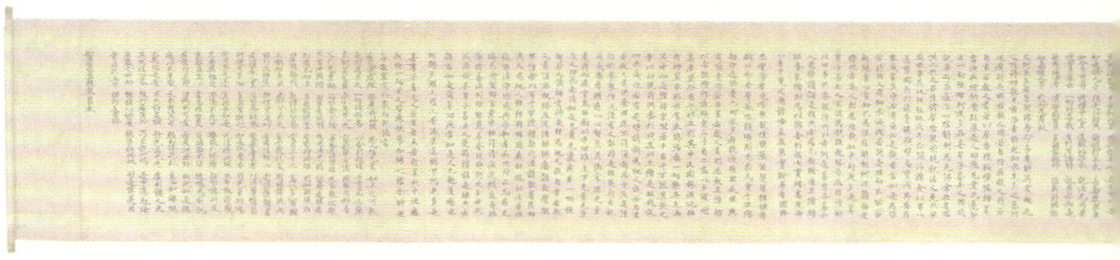

行五波羅蜜檀波羅蜜尸波羅蜜羼提波
羅蜜毗梨耶波羅蜜禪波羅蜜除般若波
羅蜜以是功德比前功德百分千分百千万
億分不及其一乃至筭數譬喻所不能知若
善男子有如是功德於阿耨多羅三藐三菩
提退者无有是處尒時世尊欲重宣此義而
說偈言

若人求佛慧　於八十万億　那由他劫數　行五波羅蜜
於是諸劫中　布施供養佛　及緣覺弟子　并諸菩薩衆
珎異之飲食　上服與卧具　栴檀立精舍　以園林莊嚴
如是等布施　種種皆微妙　盡此諸劫數　以迴向佛道
若復持禁戒　清淨无缺漏　求於无上道　諸佛之所歎
若復行忍辱　住於調柔地　設衆惡來加　其心不傾動
諸有得法者　懷於增上慢　為此所輕惱　如是亦能忍
若復勤精進　志念常堅固　於无量億劫　一心不解息

若復行忍辱 住於調柔地 設衆惡來加 其心不傾動
諸有得法者 懷於增上慢 為此所輕惱 如是亦能忍
若復勤精進 志念常堅固 於无量億劫 一心不懈怠
又於无數劫 住於空閑處 若坐若經行 除睡常攝心
以是因緣故 能生諸禪定 八十億万劫 安住心不亂
持此一心福 願求无上道 我得一切智 盡諸禪定際
是人於百千 万億劫數中 行此諸功德 如上之所說
有善男女等 聞我說壽命 乃至一念信 其福過於彼
若人悉无有 一切諸疑悔 深心須臾信 其福為如此
其有諸菩薩 无量劫行道 聞我說壽命 是則能信受
如是諸人等 頂受此經典 願我於未來 長壽度衆生
如今日世尊 諸釋中之王 道場師子吼 說法无所畏
我等未來世 一切所尊敬 坐於道場時 說壽亦如是
若有深心者 清淨而質直 多聞能摠持 隨義解佛語
如是諸人等 於此无有疑

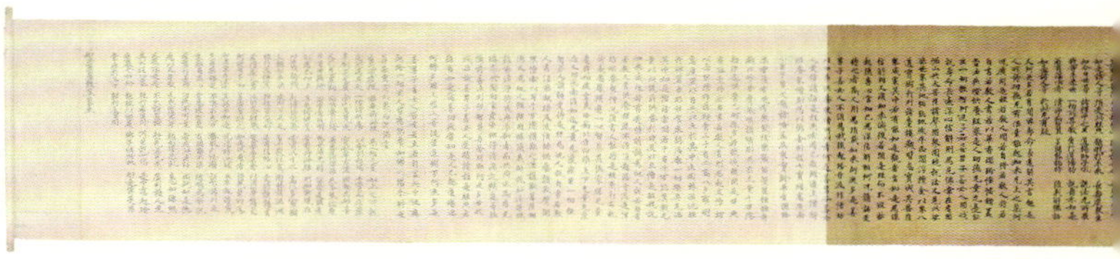

又阿逸多若有聞佛壽命長遠解其言趣
人所得功德无有限量能起如来无上之慧何
況廣聞是經若教人聞若自持若教人持若
自書若教人書若以華香瓔珞幢幡繒蓋
香油蘇燈供養經卷是人功德无量无邊能
生一切種智阿逸多若善男子善女人聞我
說壽命長遠深心信解則為見佛常在耆闍
崛山共大菩薩諸聲聞衆圍繞說法又見此娑
婆世界其地瑠璃坦然平正閻浮檀金以界八
道寶樹行列諸臺樓觀皆悉寶成其菩薩
衆咸處其中若有能如是觀者當知是為深
信解相又復如来滅後若聞是經而不毀呰
起隨喜心當知已為深信解相何況讀誦受
持之者斯人則為頂戴如来阿逸多是善
男子善女人不須為我後起塔寺及作僧坊
以四事供養衆僧所以者何是善男子善女

持之者其人則為頂戴如来阿逸多是善
男子善女人不須為我後起塔寺及作僧坊
以四事供養衆僧所以者何是善男子善女
人受持讀誦是經典者為已起塔造立僧坊
供養衆僧則為以佛舍利起七寶塔高廣漸
小至于梵天懸諸幡蓋及衆寶鈴華香瓔珞
末香塗香燒香衆鼓伎樂簫笛箜篌種種舞
戲以妙音聲歌唄讚頌則為於无量千万億
劫作是供養已阿逸多若我滅後聞是經典
有能受持若自書若教人書則為起立僧坊
以赤栴檀作諸殿堂三十有二高八多羅樹
高廣嚴好百千比丘於其中止園林流池經
行禪窟衣服飲食床褥湯藥一切樂具充滿
其中如是僧坊堂閣若干百千万億其數无
量以此現前供養於我及比丘僧是故我說

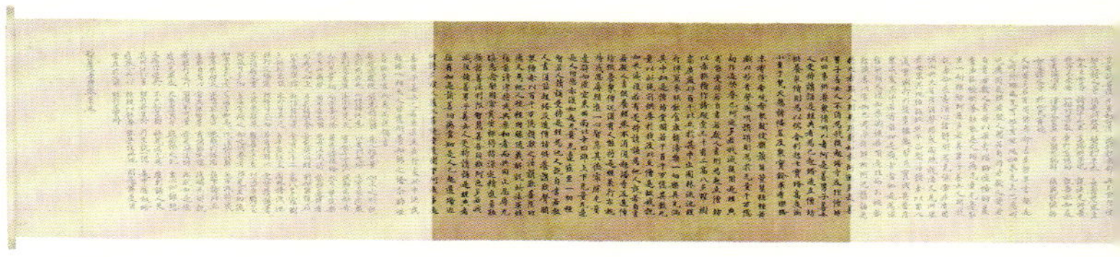

若教人書供養經卷不須復起塔寺及造僧
坊供養衆僧况復有人能持是經兼行布施
持戒忍辱精進一心智慧其德最勝无量
邊譬如虛空東西南北四維上下无量无邊
是人功德亦復如是无量无邊疾至一切種
智若人讀誦受持是經為他人說自書若教
人書復能起塔及造僧坊供養讚歎聲聞
衆僧亦以百千万億讚歎之法讚歎菩薩功
德又為他人種種因緣隨義解說此法華經
復能清淨持戒與柔和者而共同止忍辱无
瞋志念堅固常貴坐禪得諸深定精進勇猛
攝諸善法利根智慧善荅問難阿逸多若我
滅後諸善男子善女人受持讀誦是經典者
復有如是諸善功德當知是人已趣道場近
阿耨多羅三藐三菩提坐道樹下阿逸多是

復有如是諸善功德當知是人已趣道場近
阿耨多羅三藐三菩提坐道樹下阿逸多是
善男子善女人若坐若立若行處此中便應
起塔一切天人皆應供養如佛之塔尒時世
尊欲重宣此義而說偈言
若我滅度後　能奉持此經　斯人福无量　如上之所說
是則為具足　一切諸供養　以舍利起塔　七寶而莊嚴
表剎甚高廣　漸小至梵天　寶鈴千万億　風動出妙音
又於无量劫　而供養此塔　華香諸瓔珞　天衣眾伎樂
然香油蘇燈　周帀常照明　惡世法末時　能持是經者
則為已如上　具足諸供養　若能持此經　則如佛現在
以牛頭栴檀　起僧坊供養　堂有三十二　高八多羅樹
上饌妙衣服　床臥皆具足　百千眾住處　園林諸流池
經行及禪窟　種種皆嚴好　若有信解心　受持讀誦書

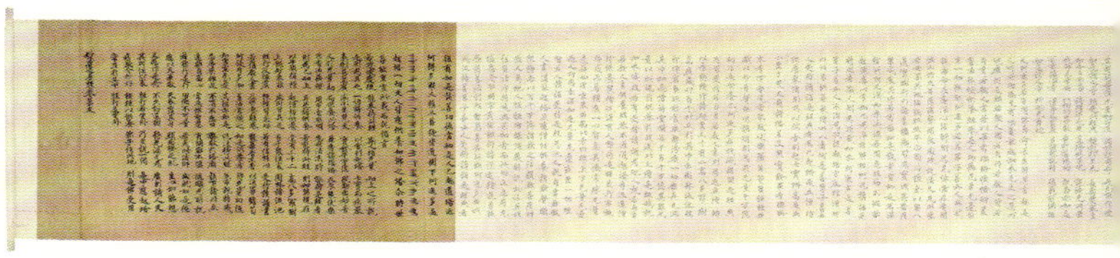

如虛空无邊　其福亦如是　況復持此經　兼布施持戒
忍辱樂禪定　不瞋不惡口　恭敬於塔廟　謙下諸比丘
遠離自高心　常思惟智慧　有問難不瞋　隨順為解說
若能行是行　功德不可量　若見此法師　成就如是德
應以天華散　天衣覆其身　頭面接足禮　生心如佛想
又應作是念　不久詣道樹　得无漏无為　廣利諸人天
其所住止處　經行若坐臥　乃至說一偈　是中應起塔
莊嚴令妙好　種種以供養　佛子住此地　則是佛受用
常在於其中　經行及坐臥

妙法蓮華經卷第五

BD00847　妙法蓮華經卷五

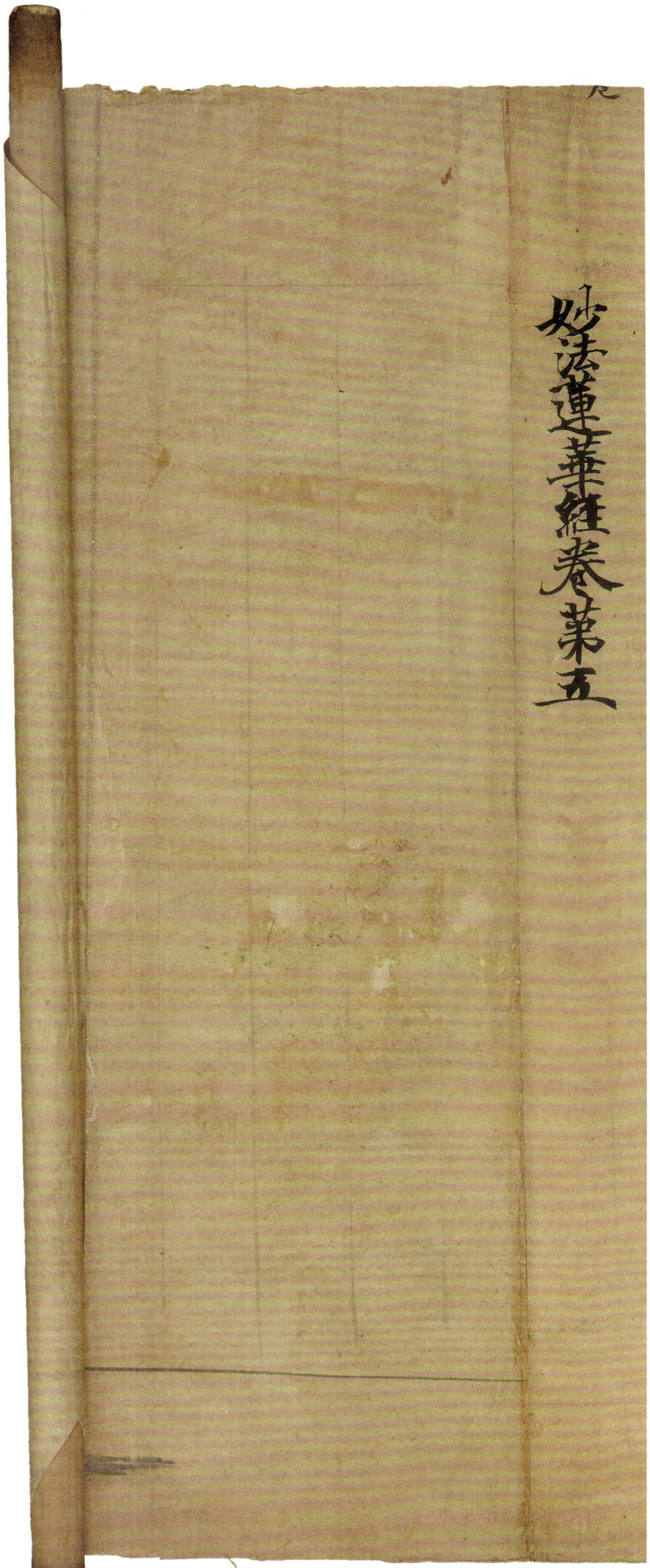
妙法蓮華經卷第五

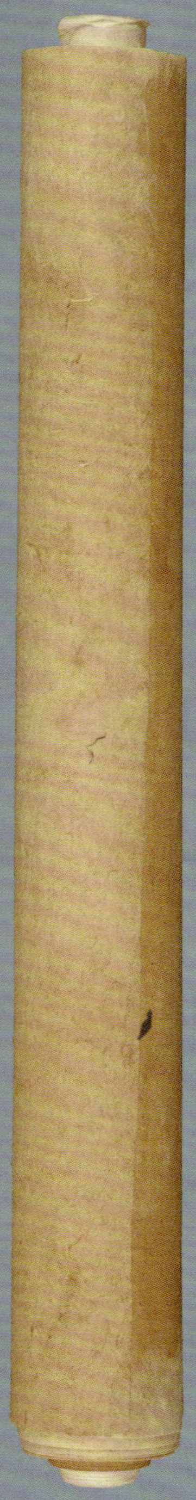

BD00848

灌頂章句拔除過罪生死得度經

（東晉）帛尸梨蜜多羅 譯

486.3cm × 25cm

第三願者使我來世智慧廣大如海无窮潤
澤枯涸无量衆生普使蒙益悉令飽滿无飢
渴想甘食美饍悉持施與
第四願者使我來世佛道成就魏魏堂堂如
星中之月消除生死之雲令无有翳明照世
界行者見道熱得清涼解除垢穢
第五願者使我來世發大精進淨持戒地无
令濁穢慎護所受令无缺犯亦令一切戒行
具足堅持不犯至无為道
第六願者若有衆生諸根毀敗盲者使視聾
者能聽瘂者得語僂者能申跛者能行如是

[illegible]
救護者我為此等設大法藥令諸疾病皆得
除愈无復苦患至得佛道
第八願者使我來世以善業因緣為諸遇冥
无量眾生講宣妙法令得度脫入智慧門普
使明了无諸疑惑
第九願者使我來世摧伏惡魔及諸外道顯
揚清淨无上道法使入正真无諸邪僻迴向
菩提八正覺路
第十願者使我來世若有眾生王法所加臨
當刑戮无量怖畏愁憂苦惱若復鞭撻枷鎖
其體種種恐懼逼切其身如是无邊諸苦惱
等悉令解脫无有眾難
第十一願者使我來世若有眾生飢火所惱
令得種種甘美飲食天諸餚饍種種无數悉
以賜與令身充足

BD00848　灌頂章句拔除過罪生死得度經

令得種種甘美飲食天諸餚饍種種无數悉
以賜與令身充足
第十二願者使我來世若有貧凍裸露衆
生即得衣服窮乏之者施以珎寶倉庫盈溢
无所乏少一切皆受无量快樂乃至无有一人
受苦使諸衆生和顔悅色形貌端嚴人所喜
見琴瑟皷吹如是无量最上音聲施與一切
无量衆生是爲十二微妙上願
佛告文殊師利此藥師瑠璃光本願功德如
是我今爲汝略說其國莊嚴之事此藥師瑠
璃光如來國土清淨无五濁无愛欲无意垢
以白銀琉璃爲地宮殿樓閣悉用七寶亦如
西方无量壽國无有異也有二菩薩一名日
曜二名月淨是二菩薩次補佛處諸善男子
及善女人亦當願生彼國土也文殊師利白

[illegible]
破衆魔來入正道得聞我說藥師琉璃光如
來名字者魔家眷屬退散馳走如是无量拔
衆生苦我今說之
佛告文殊師利世間有人不解罪福慳貪不
知布施今世後世當得其福世人愚癡但知
貪惜寧自割身肉而噉食之不肯持錢財布
施求後世之福世又有人身不衣食此大慳貪
命終以後當墮餓鬼及在畜生中聞我說
是藥師瑠璃光如來名字之時无不解脫憂
苦者也皆作信心貪福畏罪人從索頭與頭
索眼與眼乞妻與妻囙子與子求金銀珎寶
皆大布施一時歡喜即發无上正真道意
佛言若復有人受佛淨戒遵奉明法不解罪
福唯知明經不及中義不能分別曉了中事
以自貢高恒常憎憤乃與世間衆魔從事

BD00848　灌頂章句拔除過罪生死得度經

福唯知明經不及中義不能分別曉了中事
以人自貢高恒常普情乃與世間衆魔從事
更作縛著不解行之戀著婦女恩愛之情口爲
說空行在有中不能教覺復不自知但能論
說他人是非知此人輩皆當墮三惡道中聞
我說是藥師琉璃光本願功德无不歡喜念
欲捨家行作沙門者也
佛言世間有人好自稱譽皆是貢高當墮三惡
道中後還爲人牛馬奴婢生下賤中人當乘
其力負重而行困苦疲極之失人身聞我說
是藥師琉璃光如來本願功德者皆當一心
歡喜踊躍更作讓敬即得解脫衆苦之患長
得歡樂聰明智慧遠離惡道得生善處與
善知識共相值遇无復憂惱離諸魔縛
佛言世間愚癡人輩兩舌鬪諍惡口罵詈更

[illegible]
像或作符書以相厭禱呪咀言說聞我說
是藥師琉璃光本願功德无不兩作和解俱
生慈心悪意悉滅各歡喜无復悪念
佛言若四輩弟子比丘比丘尼清信士清信
女常脩月六齋年三長齋或晝夜精懃一心
苦行願欲往生西方阿弥陁佛國者憶念晝夜
若一日二日三日四日五日六日七日或復中
悔聞我說是藥師琉璃光本願功德盡
其壽命欲終之日有八菩薩文殊師利菩薩
觀世音菩薩德大勢志菩薩无盡意菩薩寶
檀華菩薩藥王菩薩藥上菩薩弥勒菩薩是八
菩薩皆當飛往迎其精神不逕八難生蓮華
中自然音樂而相娛樂
佛言假使壽命自欲盡時臨終之日得聞我
說是琉璃光佛本願功德者命終皆得上生

佛言假使壽命自欲盡時臨終之日得聞我
說是琉璃光佛本願功德者命終皆得上生
天上不復歷三惡道中天上福盡若下生人
閒當爲帝王家作子或生豪姓長者居士富貴
家生皆當端正聰明智慧高才勇猛若是
女人化成男子无復憂惱苦患難者也
佛語文殊我稱譽顯說琉璃光佛至真等正
覺本所脩集无量行願功德如是文殊師利從
坐而起長跪叉手前白佛言世尊佛去世後當
以此法開化十方一切衆生使其受持是經
典也若有男子女人受樂是經受持讀誦宣
通之者復能專念若一日二日三日四日五日
乃至七日憶念不忘能以好素帛書取是
經五色雜綵作囊盛之者是時當有天諸
善神四天大王龍神八部常來營衛愛敬此

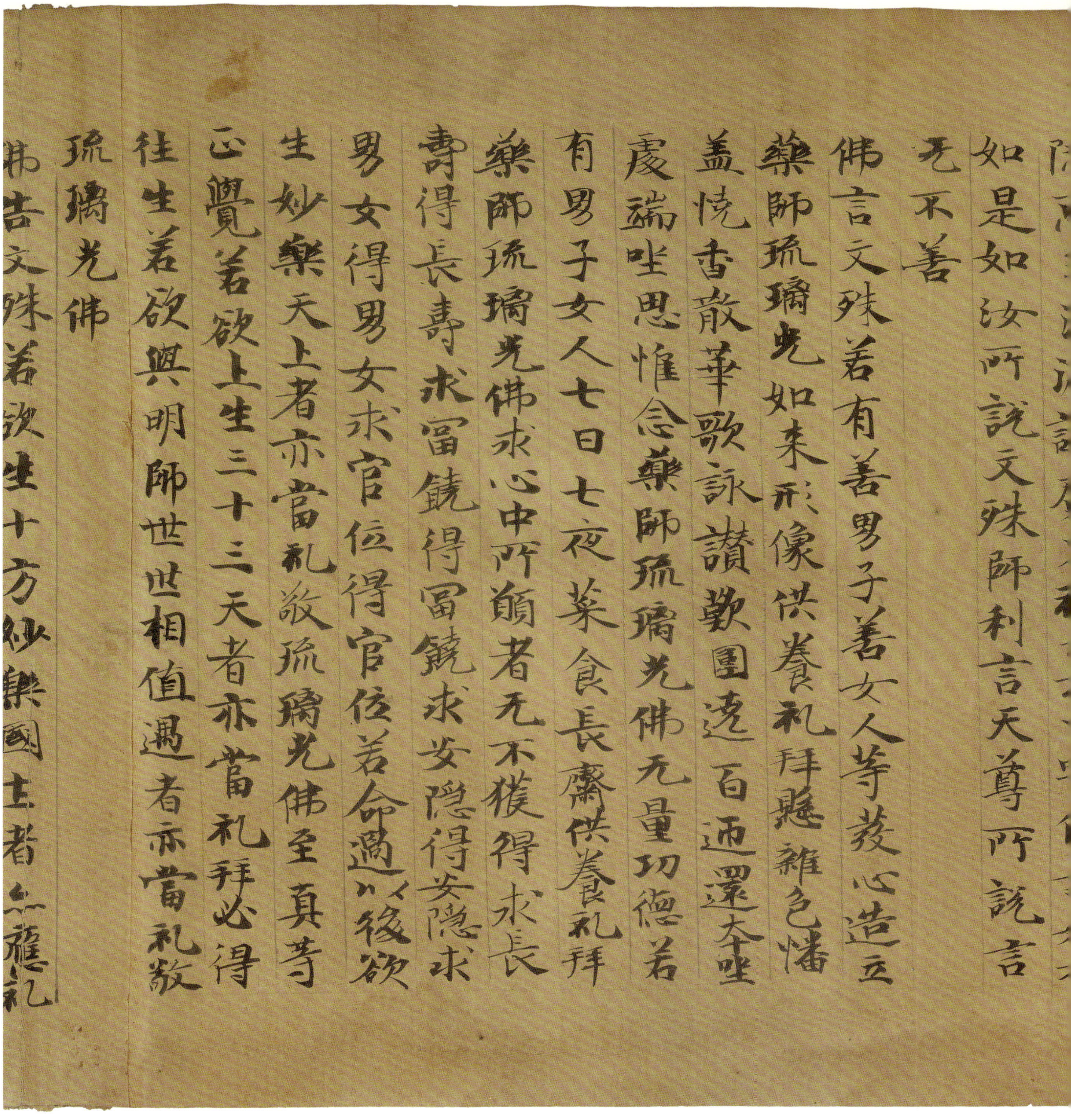

[illegible]
如是如汝所説文殊師利言天尊所説言
无不善
佛言文殊若有善男子善女人等發心造立
藥師琉璃光如來形像供養礼拜懸雜色幡
蓋燒香散華歌詠讚歎圍遶百匝還本坐
處端坐思惟念藥師琉璃光佛无量功德若
有男子女人七日七夜菜食長齋供養礼拜
藥師琉璃光佛求心中所願者无不獲得求長
壽得長壽求富饒得富饒求安隱得安隱求
男女得男女求官位得官位若命過以後欲
生妙樂天上者亦當礼敬琉璃光佛至真等
正覺若欲上生三十三天者亦當礼拜必得
往生若欲與明師世世相值遇者亦當礼敬
琉璃光佛
佛告文殊若欲生十方妙樂國土者亦應礼

BD00848　灌頂章句拔除過罪生死得度經

琉璃光佛
佛告文殊若欲生十方妙樂國土者亦應礼
敬琉璃光佛欲得生兜率天見彌勒者亦應礼
敬琉璃光佛若欲遠諸耶道亦當礼敬琉璃
光佛若夜惡夢鳥鳴百恠蜚尸耶忤魍魎鬼
神之所嬈者亦當礼敬琉璃光佛若為水火之
所焚漂者亦當礼敬琉璃光佛若入山谷為
虎狼熊羆蒺蔾諸狩象龍虵蝮蝎種種雜
類若有惡心來相向者心當存念琉璃光佛
山中諸難不能為害若他方怨賊偷竊惡人
怨家債主欲來侵陵心當存念琉璃光佛則
不為害以善男女礼敬琉璃光如來功德所
致華報如是況果報也是故吾今勸諸四輩
礼事琉璃光佛至真等正覺
佛告文殊我但為汝略説琉璃光佛礼敬功

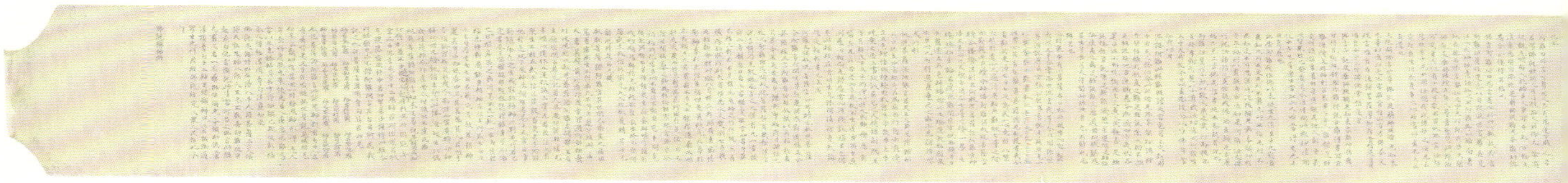

遍其世間人若有著床萎黄困篤悪病連年
累月不差者聞我説是琉璃光佛名字之時
横病之厄无不除愈唯宿殃不請耳
佛告文殊若男子女人受三自歸若五戒若
十戒若善信菩薩二十四戒若沙門二百五
十戒若比丘尼五百戒若菩薩戒若破是諸
戒若能至心懺悔者復聞我説琉璃光佛
終不墮三悪道中必得解脱若人愚癡不受
父母師友教誨不信佛不信經戒不信聖僧
應墮三悪道中者亡失人種受畜生身聞我
説是琉璃光佛善願功德者即得解脱
佛告文殊世有悪人雖受佛禁戒觸事違犯
或煞无道偷竊他人財寶欺詐妄語婬他婦
女飲酒鬪乱兩舌悪口罵詈人犯戒為悪
復祠祀鬼神有如是過罪當墮地獄中若當

BD00848　灌頂章句拔除過罪生死得度經

復祠祀鬼神有如是過罪當墮地獄中若當
屠割若抱銅柱若鐵鈎出舌若洋銅灌口者
聞我說是藥師瑠璃光佛无不即得解脫者
也
佛告文殊其世間人豪貴下賤不信佛不信
經法不信沙門不信有須陁洹不信有斯陁
含不信有阿那含不信有阿羅漢不信有辟
支佛不信有十住菩薩不信有三世之事不
信有十方諸佛不信有本師釋迦文佛不信
人死神明更生善者受福惡者受殃有如是
之罪應墮惡道聞我說是藥師瑠璃光佛名
字之者一切過罪自然消滅
佛告文殊若有善男子善女人聞我說是藥
師瑠璃光佛至真等正覺其誰不發无上正
真道意後皆當得作佛人居世間士官不遷

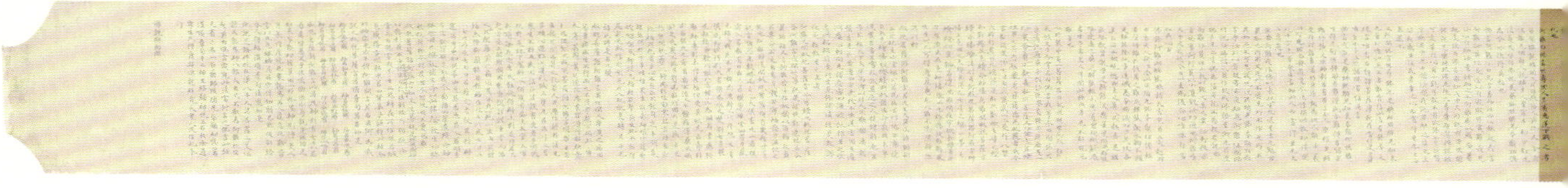

我說是[illegible]
官皆得高遷財物自然長益飲食充饒皆得
富貴若為縣官之所拘錄惡人侵枉若為怨家
所得便者心當存念琉璃光佛若他婦女生
產難者皆當念是琉璃光佛兒則易生身體
平正无諸疾痛六情完具聰明智慧壽命得
長不遭枉橫善神擁護不為惡鬼詆其頭也
佛說是語時阿難在右邊佛顧語阿難言汝
信我為文殊師利說往昔東方過十恒沙有
佛名藥師琉璃光佛本願功德者不阿難白
佛言唯天中天佛之所言何敢不信耶佛復
語阿難言世間人雖有眼耳鼻舌身意人常
用是六事以自迷惑信世間魔耶之言不
信至真至誠度世苦切之語是輩人難可開
化也
阿難白佛言世尊世人多有惡逆下賤之者

代也
阿難白佛言世尊世人多有惡逆下賤之者
若聞佛說經開人耳目破治人病除人陰冥
使覩光明解人疑結去人重罪千劫万劫无
復憂患皆回佛說是藥師琉璃光本願功德
慈令安隱得其福也
佛言阿難汝口爲言善而汝内心孤疑我言
阿難汝莫作是念以自毁敗佛言阿難我見
汝心我知汝意汝知之不阿難即以頭面著
地長跪白佛言審如天中天所說我告次聞
佛說是藥師琉璃光極大尊貴智慧巍巍難
可度量我心有小疑耳敢不首伏佛言汝智
慧狹劣少見少聞汝聞我說深妙之法无上
空義應生信敬貴重之心必當得至无上正
真道也

无量功德如[illegible]
殊言唯有百億諸菩薩摩訶薩當信是言耳
唯有十方三世諸佛當信是言
佛言我說是藥師琉璃光如來本願功德難
可得見何況得聞亦難得說亦難得書寫亦
難得讀文殊師利若有男子女人能信是經
受持讀誦書著竹帛復能為他人解中義
此皆光世已發道意今復得聞此微妙法開
化十方无量衆生當知此人必當得至无上
正真道也
佛告阿難我作佛以來從生死復至生死懃苦
累劫无所不更无所不歷无所不作无所不
為如是不可思議況復琉璃光佛本願功德
者乎汝所以有疑者亦復如是阿難汝聞佛
所說汝諦信之莫作疑惑佛語至誠无有虚
偽亦无二言佛為信者施不為疑者說也

BD00848　灌頂章句拔除過罪生死得度經

所說汝諦信之莫作疑或佛語至誠无有虛
僞亦无二言佛為信者施不為疑者說也
阿難汝莫作小疑以毀大乘之業汝却後亦
當發摩訶衍莫以小道毀汝功德也阿難唯
天中天我從今日以去无復疑心唯佛自當
知我心耳
佛語阿難此經能照諸天宮宅若三災起時
中有天人發心念此琉璃光佛本願功德經
者皆得離於彼處之難是經能除水涸不調
是經能除他方逆賊悉令斷滅四方夷狄各
還正治不相嬈惱國土交通人民歡喜是經
能除穀貴飢凍是經能滅惡星變怪是經能
除疫毒之病是經能救三惡道苦地獄餓鬼
畜生等苦若人得聞此經典者无不解脫厄
難者也

尊演說過東方恒沙世界有佛号琉璃光一
切衆會靡不歡喜救脫菩薩又白佛言若族
姓男女其有疾羸著床痛惱无救護者我今
當勸請衆僧七日七夜齋戒一心受持八禁
六時行道卌九遍讀是經典勸燃七層之燈
亦勸懸五色續命神幡阿難問救脫菩薩言
續命幡燈法則云何救脫菩薩語阿難言神
幡五色卌九尺燈亦復尒七層之燈一層七
燈燈如車輪若遭厄難閉在牢獄枷鏁著身
亦應造立五色神幡燃卌九燈應放雜類衆
生至卌九可得過度危厄之難不爲諸橫惡
鬼所持
救脫菩薩語阿難言若天王大臣及諸輔相
王子妃主中宮綵女若爲病苦所惱亦應造
立五色續幡燃燈續明放諸生命散雜色華

BD00848　灌頂章句拔除過罪生死得度經

王子妃主中宮綵女若為病苦所惱亦應造
立五色繒幡燃燈續明救諸生命散雜色華
燒衆名香王當放赦屈厄之人徒鏁解脫王
得其福天下太平雨澤以時人民歡樂惡龍
攝毒无諸病苦者四方夷狄不生逆害國土通
洞慈心相向无諸惡害四海歌詠稱王之德
秉此福祿在意所生見佛聞法信受教誨
從是福報至无上道
阿難又問救脫菩薩言命可續也救脫菩薩
答阿難言我聞世尊說是諸橫勸造幡蓋令
其脩福又言阿難昔沙弥救蟻以脩福故盡
其壽命不更苦患身體安寧福德力强使之
然也阿難白復問救脫菩薩橫有幾種世尊
說言橫乃无數略而言之大橫有九一者橫
病二者橫有口舌三者橫遭縣官四者身羸

為雜類禽狩所噉八者橫為恐懼脅書厭禱
耶神牽引未得其福但受其殃先亡牽引
亦名橫死九者有病不治又不脩福湯藥不順
針灸失度不值良醫為病所困於是滅亡又
信世間妖蘖之師為作恐動寒熱言語妄發
禍福所犯者多心不自正不能自定卜問覓
禍殺賭猶牛羊種種衆生解奏神明呼諸耶
妖魍魎鬼神請乞福祚欲望長生終不能得
愚癡迷惑信耶倒見死入地獄展轉其中无
解脫時是名九橫
救脫菩薩語阿難言其世間人𤸇黃之病困
篤著床求生不得求死不得考楚万端此病
人者其或前世造作惡業罪過所招殃咎
引故使然也救脫菩薩語阿難言閻羅王者
主領世間名籍之記若人為惡作諸非法无

引故使然也救脫菩薩語阿難言閻羅王者
主領世間名籍之記若人為惡作諸非法无
孝順心造作五逆破滅三寶无君臣法又有
衆生不持五戒不信正法設有受者多所毀
犯於是地下鬼神及伺候者奏上五官五官
料簡除死定生或駐錄精神未判是非若已
定者奏上閻羅閻羅監察隨罪輕重考而治
之世間若痿黃之病困篤不死一絕一生由其罪
福未得料簡錄其精神在彼王所或七日五
三七日乃至七七日名籍定者放其精神
還其身中如從夢中見其善惡其人若明了
者信驗罪福是故我今勸諸四輩造續命神
幡然卌九燈放諸生命以此幡燈放生功德
拔彼精神令得度苦今世後世不遭厄難
救脫菩薩語阿難言如來世尊說是經典威神（諸鬼神有十二神王）
[illegible]

邑聚落空閑林中若四輩弟子誦持此經令
所結願无求不得阿難問言其名云何為我
說之救脫菩薩言灌頂章句其名如是
神名金毗羅　神名和耆羅　神名弥佉羅　神名安陁羅
神名摩尼羅　神名宋林羅　神名因持羅　神名波耶羅
神名摩休羅　神名真陁羅　神名照頭羅　神名毗伽羅
救脫菩薩語阿難言此諸鬼神別有七千以為
眷屬皆悉叉手低頭聽佛世尊說是瑠璃光
如來本願功德莫不一時捨鬼神形得受人
身長得度脫无衆惱患若人疾急厄難之日
當以五色縷結其名字得如願已然後解結
令人得福灌頂章句法應如是
佛說是語時比丘僧八千人諸菩薩三万人俱
諸天龍鬼神八部大王无不歡喜阿難從坐
起前白佛言演說此法當何名之佛言此經

起前白佛言演說此法當何名之佛言此經
凡有三名一名藥師琉璃光本願功德二名
灌頂章句十二神王結願神呪三名拔除過
罪生死得度經佛說經竟大衆人民作礼奉
行

佛說藥師經

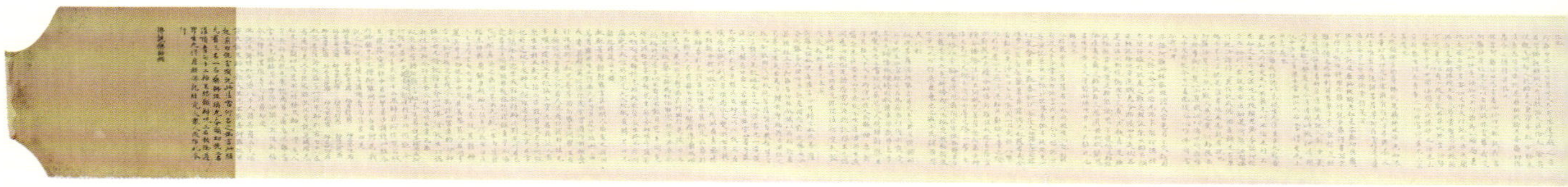

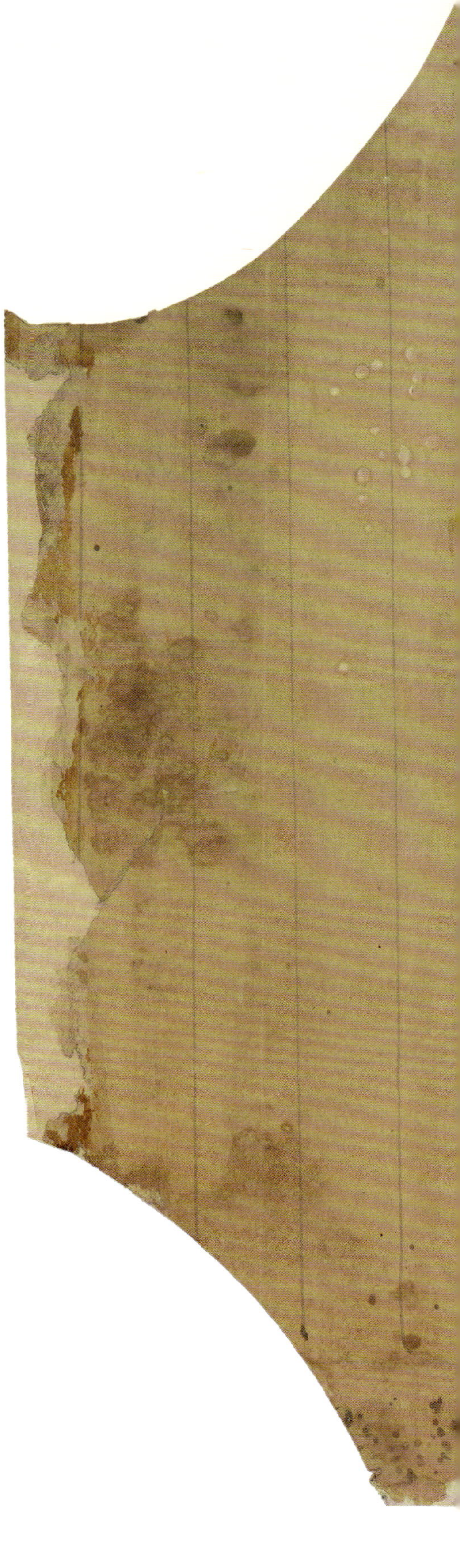

BD00848　灌頂章句拔除過罪生死得度經

BD00849-1 金剛般若波羅蜜經

(後秦)鳩摩羅什 譯

BD00849-2 八月廿二日納色歷

209.8cm × 25.5cm

无有法如来得阿耨多羅三菩
提若有法如来得阿耨多羅三藐三菩提者
燈佛則不與我受記汝於来世當得作佛
号釋迦牟尼以實无有法得阿耨多羅三
藐三菩提是故然燈佛與我受記作是言
汝於来世當得作佛号釋迦牟尼何以故
如来者即諸法如義若有人言如来得阿
耨多羅三藐三菩提須菩提實无有法佛
得阿耨多羅三藐三菩提須菩提如来所
得阿耨多羅三藐三菩提於是中无實无
虛是故如来說一切法皆是佛法須菩提
所言一切法者即非一切法是故名一切法須
[illegible]

說人身長大則為非大身是名大身
須菩提菩薩亦如是若作是言我當滅度
无量衆生則不名菩薩何以故須菩提實
无有法名為菩薩是故佛說一切法无我无
人无衆生无壽者須菩提若菩薩作是言
我當莊嚴佛土是不名菩薩何以故如來
說莊嚴佛土者即非莊嚴是名莊嚴須
菩提若菩薩通達无我法者如來說名真
是菩薩須菩提於意云何如來有肉眼不
如是世尊如來有肉眼須菩提於意云何
如來有天眼不如是世尊如來有天眼須菩
提於意云何如來有慧眼不如是世尊如
來有慧眼須菩提於意云何如來有法眼
不如是世尊如來有法眼須菩提於意云

不如是世尊如来有法眼須菩提於意云
何如来有佛眼不如是世尊如来有佛眼
須菩提於意云何恒河中所有沙佛說是
沙不如是世尊如来說是沙須菩提於意
云何如一恒河中所有沙有如是等恒河是
諸恒河所有沙數佛世界如是寧為多不
甚多世尊佛告須菩提尒所國土中所有
衆生若干種心如来悉知何以故如来說
諸心皆為非心是名為心所以者何須菩提
過去心不可得現在心不得未来心不可
須菩提於意云何若有人滿三千大千世
界七寶以用布施是人以是因緣得福多不
如是世尊此人以是因緣得福甚多須菩

佛可以具足色身見不不也世尊如来不應
以具足色身見何以故如来說具足色身
是名具足色身須菩提於意云何如来可以
具足諸相見不不也世尊如来不應以具足諸
相見何以故如来說諸相具足即非具足是名
諸相具足須菩提汝勿謂如来作是念我
當有所說法莫作是念何以故若人言如来有
所說法即為謗佛不能解我所說故須菩提
說法者无法可說是名說法須菩提白佛言世
尊佛得阿耨多羅三藐三菩提為无所得耶
如是如是須菩提我於阿耨多羅三藐三菩
提乃至无有少法可得是名阿耨多羅三藐三
菩提復次須菩提是法平等无有高下是名

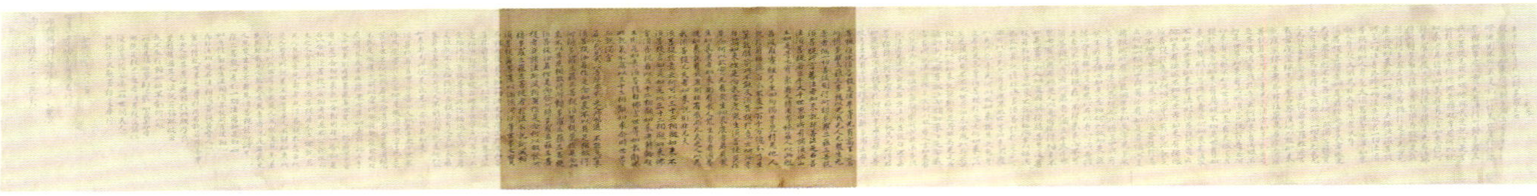

菩提復次須菩提是法平等无有高下是名
阿耨多羅三藐三菩提以无我无人无衆生无
壽者脩一切善法則得阿耨多羅三藐三菩提
須菩提所言善法者如来說非善法是名善
法須菩提若三千大千世界中所有諸須弥山
王如是等七寶聚有人持用布施若人以此般
若波羅蜜經乃至四句偈等受持為他人
說於前福德百分不及一百千万億分乃至
筭數譬喻所不能及須菩提於意云何汝等
勿謂如来作是念我當度衆生須菩提莫作
是念何以故實无有衆生如来度者若有衆
生如来度者如来則有我人衆生壽者須菩
提如来說有我者則非有我而凡夫之人以為
我須菩提凡夫者如来說則非凡夫

須菩提於意云何可以三十二相觀如來不
須菩提言如是如是以三十二相觀如來佛
言須菩提若以三十二相觀如來者轉輪聖
王則是如來須菩提白佛言世尊如我解佛
所說義不應以三十二相觀如來尒時世尊
而說偈言
若以色見我　以音聲求我　是人行邪道　不能見如來
須菩提汝若作是念如來不以具足相故得
阿耨多羅三藐三菩提須菩提莫作是念如
來不以具足相故得阿耨多羅三藐三菩提
須菩提汝若作是念發阿耨多羅三藐三菩
提者說諸法斷滅相莫作是念何以故發阿
耨多羅三藐三菩提者於法不說斷滅相
須菩提若菩薩以滿恒河沙等世界七寶

BD00849-1　金剛般若波羅蜜經

須菩提若菩薩以滿恒河沙等世界七寶
布施若復有人知一切法无我得成於忍此菩
薩勝前菩薩所得功德須菩提以諸菩薩不
受福德故須菩提白佛言世尊云何菩薩不
受福德須菩提菩薩所作福德不應貪著
是故說不受福德須菩提若有人言如来若
来若去若坐若卧是人不解我所說義何以故
如来者无所從来亦无所去故名如来
須菩提若善男子善女人以三千大千世界
碎為微塵於意云何是微塵衆寧為多不
甚多世尊何以故若是微塵衆實有者佛則
不說是微塵衆所以者何佛說微塵衆則非
微塵衆是名微塵衆世尊如来所說三千

名一合相須菩提一合相者則是不可說但凡
夫之人貪著其事須菩提若人言佛說我
見人見衆生見壽者見須菩提於意云何
是人解我所說義不世尊是人不解如來所
說義何以故世尊說我見人見衆生見壽者
見即非我見人見衆生見壽者見是名我見
人見衆生見壽者見須菩提發阿耨多
藐三菩提心者於一切法應如是知如
如是信解不生法相須菩提所言法相
即非法相是名法相須菩提若有人以
量阿僧祇世界七寶持用布施若有善男
善女人發菩薩心者持於此經乃至
受持讀誦為人演說其福勝彼云

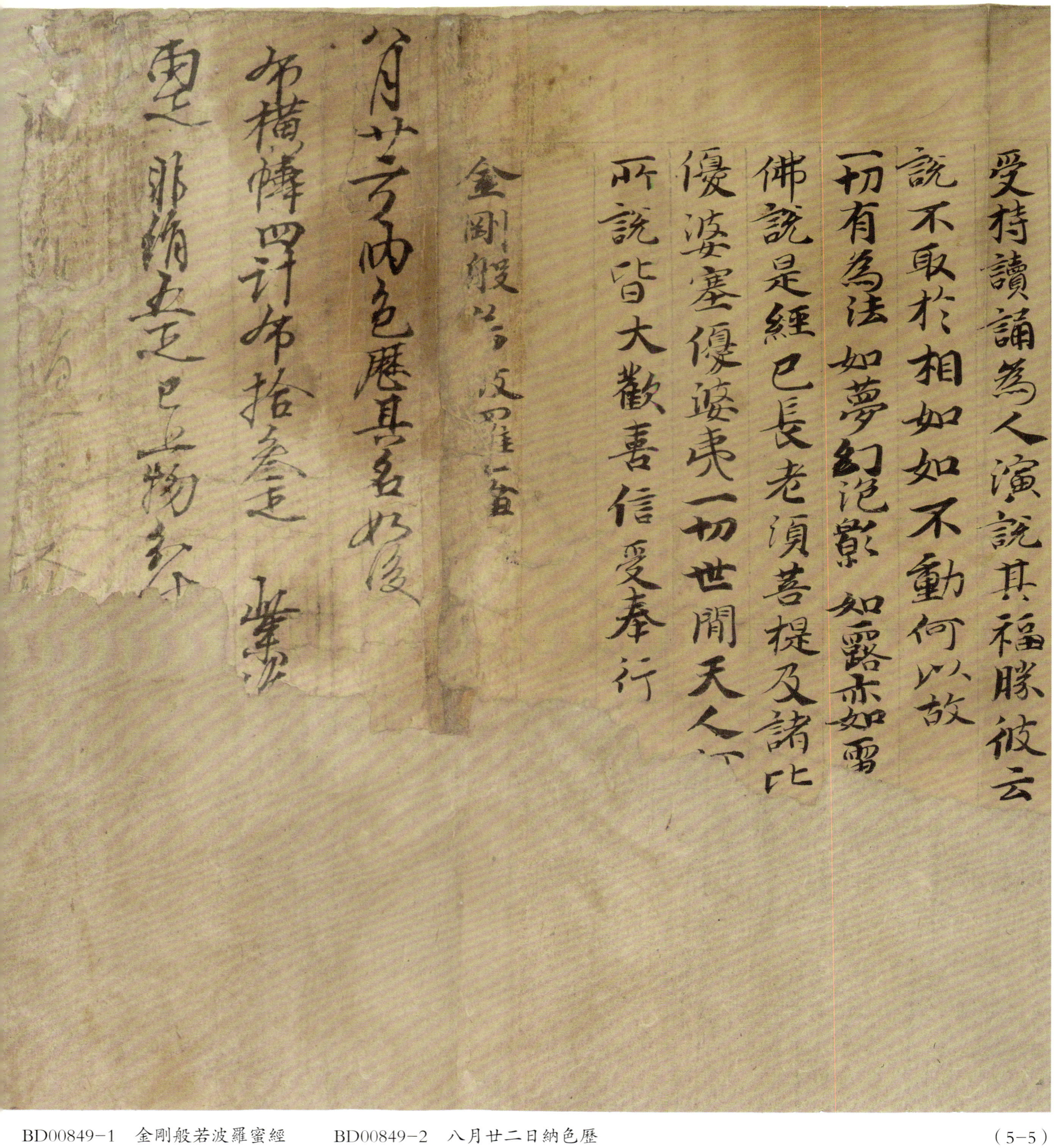

受持讀誦為人演說其福勝彼云
說不取於相如如不動何以故
一切有為法 如夢幻泡影 如露亦如電
佛說是經已長老須菩提及諸比
優婆塞優婆夷一切世間天人
所說皆大歡喜信受奉行

金剛般若波羅蜜經

八月廿二日內色歷其名如後
布橫幢四 計布拾叁疋 業波
惠 非綃五疋 已上物都計

BD00850

妙法蓮華經卷三

（後秦）鳩摩羅什 譯

583.2cm × 27cm

來
是大目揵連
佛恭敬尊重諸
高千由旬縱廣正等五百
璃車渠馬瑙真珠玫瑰七寶
成衆華瓔珞塗香秣香燒香繒蓋幢幡以
用供養過是已後當復供養二百萬億諸佛
亦復如是當得成佛号曰多摩羅跋栴檀香
如來應供正遍知明行足善逝世間解無上
士調御丈夫天人師佛世尊劫名喜滿國名
意樂其土平正頗梨為地寶樹莊嚴散真珠
華周遍清淨見者歡喜多諸天人菩薩聲聞
其數無量佛壽二十四小劫正法住世四十
小劫像法亦住四十小劫尒時世尊欲重宣
此義而說偈言

於諸佛所　常脩梵行　於無量劫　奉持佛法
諸佛滅後　起七寶塔　長表金剎　華香伎樂
而以供養　諸佛塔廟　漸漸具足　菩薩道已
於意樂國　而得作佛　号多摩羅　栴檀之香
其佛壽命　二十四劫　常為天人　演說佛道
聲聞無量　如恒河沙　三明六通　有大威德
菩薩無數　志固精進　於佛智慧　皆不退轉
佛滅度後　正法當住　四十小劫　像法亦尒
我諸弟子　威德具足　其數五百　皆當授記
於未來世　咸得成佛
我及汝等　宿世因緣　吾今當說　汝等善聽

妙法蓮華經化城喻品第七

佛告諸比丘乃往過去無量無邊不可思議

佛告諸比丘乃往過去無量無邊不可思議
阿僧祇劫尒時有佛名大通智勝如來應供
正遍知明行足善逝世間解無上士調御丈
夫天人師佛世尊其國名好成劫名大相諸
比丘彼佛滅度已來甚大久遠譬如三千大
千世界所有地種假使有人磨以為墨過於
東方千國土乃下一點大如微塵又過千國
土復下一點如是展轉盡地種墨於汝等意
云何是諸國土若筭師若筭師弟子能得邊
際知其數不不也世尊諸比丘是人所經國
土若點不點盡末為塵一塵一劫彼佛滅度
已來復過是數無量無邊百千萬億阿僧祇
劫我以如來知見力故觀彼久遠猶若今日
尒時世尊欲重宣此義而說偈言
我念過去世　無量無邊劫　有佛兩足尊　名大通智勝
[illegible]

過於千國土 乃下一塵點 如是展轉點 盡此諸塵墨

如是諸國土 點與不點等 復盡抹為塵 一塵為一劫

此諸微塵數 其劫復過是 彼佛滅度来 如是無量劫

如来無礙智 知彼佛滅度 及聲聞菩薩 如見今滅度

諸比丘當知 佛智淨微妙 無漏無所礙 通達無量劫

佛告諸比丘大通智勝佛壽五百四十萬億
那由他劫其佛本坐道場破魔軍已垂得阿
耨多羅三藐三菩提而諸佛法不現在前如
是一小劫乃至十小劫結跏趺坐身心不動
而諸佛法猶不在前尒時忉利諸天先為彼
佛於菩提樹下敷師子座高一由旬佛於此
坐當得阿耨多羅三藐三菩提適坐此座時
諸梵天王雨衆天華面百由旬香風時來吹
去萎華更雨新者如是不絕滿十小劫供養
於佛乃至滅度常雨此華四王諸天為供養

去萎華更雨新者如是不絕滿十小劫供養
於佛乃至滅度常雨此華四王諸天爲供養
佛常擊天鼓其餘諸天作天伎樂滿十小劫
至于滅度亦復如是諸比丘大通智勝佛過
十小劫諸佛之法乃現在前成阿耨多羅三
藐三菩提其佛未出家時有十六子其第一
者名曰智積諸子各有種種珎異玩好之具
聞父得成阿耨多羅三藐三菩提皆捨所珎
往詣佛所諸母涕泣而隨送之其祖轉輪聖
王與一百大臣及餘百千萬億人民皆共圍
繞隨至道場咸欲親近大通智勝如來供養
恭敬尊重讚歎到已頭面礼足繞佛畢已一
心合掌瞻仰世尊以偈頌曰

大威德世尊　爲度衆生故　於無量億歲　尒乃得成佛
諸願已具足　善哉吉無上　世尊甚希有　一坐十小劫
體及手足　靜然安不動　其心常惔怕　未曾有散亂

究竟永寂滅　安住無漏法　今者見世尊　安隱成佛道
我等得善利　稱慶大歡喜　眾生常苦惱　盲瞑無道師
不識苦盡道　不知求解脫　長夜增惡趣　減損諸天眾
從瞑入於瞑　永不聞佛名　今佛得最上　安隱無漏道
我等及天人　為得最大利　是故咸稽首　歸命無上尊
尒時十六王子偈讚佛已勸請世尊轉於法
輪咸作是言世尊說法多所安隱憐愍饒益
諸天人民重說偈言
世雄無等倫　百福自莊嚴　得無上智慧　願為世間說
度脫於我等　及諸眾生類　為分別顯示　令得是智慧
若我等得佛　眾生亦復然　世尊知眾生　深心之所念
亦知所行道　又知智慧力　欲樂及脩福　宿命所行業
世尊悉知已　當轉無上輪
佛告諸比丘大通智勝佛得阿耨多羅三藐
三菩提時十方各五百萬億諸佛世界六種
震動其國中間幽冥之處日月威光所不能

佛告諸比丘大通智勝佛得阿耨多羅三藐
三菩提時十方各五百萬億諸佛世界六種
震動其國中間幽冥之處日月威光所不能
照而皆大明其中衆生各得相見咸作是言
此中云何忽生衆生又其國界諸天宮殿乃
至梵宮六種震動大光普照遍滿世界勝諸
天光尒時東方五百萬億諸國土中梵天宮
殿光明照曜倍於常明諸梵天王各作是念
今者宮殿光明昔所未有以何因緣而現此
相是時諸梵天王即各相詣共議此事時彼衆
中有一大梵天王名救一切爲諸梵衆而說
偈言
我等諸宮殿　光明昔未有　此是何因緣　宜各共求之
爲大德天生　爲佛出世間　而此大光明　遍照於十方
尒時五百萬億國土諸梵天王與宮殿俱各
以衣裓盛諸天華共詣西方推尋是相見大

諸天龍王乾闥婆緊那羅摩睺羅伽人非人
等恭敬圍繞及見十六王子請佛轉法輪即
時諸梵天王頭面礼佛繞百千帀即以天華
而散佛上其所散華如須弥山并以供養佛
菩提樹其菩提樹高十由旬華供養已各以
宮殿奉上彼佛而作是言唯見哀愍饒益我
等所獻宮殿願垂納處時諸梵天王即於佛
前一心同聲以偈頌曰
世尊甚希有　難可得值遇　具無量功德　能救護一切
天人之大師　哀愍於世間　十方諸衆生　普皆蒙饒益
我等所從來　五百萬億國　捨深禪定樂　為供養佛故
我等先世福　宮殿甚嚴飾　今以奉世尊　唯願哀納受
尒時諸梵天王偈讚佛已各作是言唯願世
尊轉於法輪度脫衆生開涅槃道時諸梵天
王一心同聲而說偈言

王一心同聲而說偈言
世雄兩足尊　唯願演說法　以大慈悲力　度苦惱衆生
尒時大通智勝如來默然許之又諸比丘東
南方五百萬億國土諸大梵王各自見宮殿
光明照曜昔所未有歡喜踊躍生希有心即
各相詣共議此事時彼衆中有一大梵天王
名曰大悲為諸梵衆而說偈言
是事何因緣　而現如此相　我等諸宮殿　光明昔未有
為大德天生　為佛出世間　未曾見此相　當共一心求
過千萬億土　尋光共推之　多是佛出世　度脫苦衆生
尒時五百萬億諸梵天王與宮殿俱各以衣
裓盛諸天華共詣西北方推尋是相見大通
智勝如來處于道場菩提樹下坐師子座諸
天龍王乾闥婆緊那羅摩睺羅伽人非人等
恭敬圍繞及見十六王子請佛轉法輪時諸

佛上所散之華如須弥山幷以供養佛菩提
樹華供養已各以宮殿奉上彼佛而作是言
唯見哀愍饒益我等所獻宮殿願垂納受尒
時諸梵天王即於佛前一心同聲以偈頌曰
聖主天中王　迦陵頻伽聲　哀愍衆生者　我等今敬礼
世尊甚希有　久遠乃一現　一百八十劫　空過無有佛
三惡道充滿　諸天衆減少　今佛出於世　為衆生作眼
世間所歸趣　救護於一切　為衆生之父　哀愍饒益者
我等宿福慶　今得值世尊
尒時諸梵天王偈讚佛已各作是言唯願世
尊哀愍一切轉於法輪度脫衆生時諸梵天
王一心同聲而說偈言
大聖轉法轉　顯示諸法相　度苦惱衆生　令得大歡喜
衆生聞此法　得道若生天　諸惡道減少　忍善者增益
尒時大通智勝如来默然許之又諸比丘南

尒時大通智勝如來默然許之又諸比丘南
方五百萬億國土諸大梵王各自見宮殿光
明照曜昔所未有歡喜踊躍生希有心即各
相詣共議此事以何因緣我等宮殿有此光
曜而彼衆中有一大梵天王名曰妙法為諸
梵衆而說偈言

我等諸宮殿　光明甚威曜　此非無因緣　是相宜求之
過於百千劫　未曾見是相　為大德天生　為佛出世間

尒時五百萬億諸梵天王與宮殿俱各以衣
裓盛諸天華共詣北方推尋是相見大通智
勝如來處于道場菩提樹下坐師子座諸天
龍王乾闥婆緊那羅摩睺羅伽人非人等恭
敬圍繞及見十六王子請佛轉法輪時諸梵
天王頭面礼佛繞百千帀即以天華而散佛
上其所散華如須彌山并以供養佛菩提樹

華供養已各以宮殿奉上彼佛而作是言
見哀愍饒益我等所獻宮殿願垂納受尒時
諸梵天王即於佛前一心同聲以偈頌曰
世尊甚難見　破諸煩惱者　過百三十劫　尒乃得一見
諸飢渴衆生　以法雨充滿　昔所未曾見　無量智慧者
如優曇鉢羅　今日乃值遇　我等諸宮殿　蒙光故嚴飾
世尊大慈愍　唯願垂納受
尒時諸梵天王偈讚佛已各作是言唯願世
尊轉於法輪令一切世間諸天魔梵沙門婆
羅門皆獲安隱而得度脫時諸梵天王一心
同聲以偈頌曰
唯願天人尊　轉無上法輪　擊于大法鼓　而吹大法螺
普雨大法雨　度無量衆生　我等咸歸請　當演深遠音
尒時大通智勝如來默然許之西南方乃至
下方亦復如是尒時上方五百萬億國土諸大
梵王皆悉自覩所止宮殿光明威曜昔所未

下方亦復如是爾時上方五百萬億國土諸大
梵王皆悉自覩所止宮殿光明威曜共所未
有歡喜踊躍生希有心即各相詣共議此事
以何因緣我等宮殿有斯光明時彼衆中有
一大梵天王名曰尸棄為諸梵衆而説偈言
今以何因緣　我等諸宮殿　威德光明曜　嚴飾未曾有
如是之妙相　昔所未聞見　為大德天生　為佛出世間
尒時五百萬億諸梵天王與宮殿俱各以衣裓
盛諸天華共詣下方推尋是相見大通智
勝如來處于道場菩提樹下坐師子座諸天
龍王乾闥婆緊那羅摩睺羅伽人非人等恭
敬圍繞及見十六王子請佛轉法輪時諸梵
天王頭面礼佛繞百千帀即以天華而散佛
上所散之華如須弥山并以供養佛菩提樹

梵天王即於佛前一心同聲以偈頌曰
善哉見諸佛　救世之聖尊　能於三界獄　挽出諸衆生
普智天人尊　哀愍群萌類　能開甘露門　廣度於一切
於昔無量劫　空過無有佛　世尊未出時　十方常闇暝
三惡道增長　阿脩羅亦盛　諸天衆轉減　死多墮惡道
不從佛聞法　常行不善事　色力及智慧　斯等皆減少
罪業因緣故　失樂及樂想　住於邪見法　不識善儀則
不蒙佛所化　常墮於惡道　佛為世間眼　久遠時乃出
哀愍諸衆生　故現於世間　超出成正覺　我等甚欣慶
及餘一切衆　喜歎未曾有　我等諸宮殿　蒙光故嚴飾
今以奉世尊　唯垂哀納受　願以此功德　普及於一切
我等與衆生　皆共成佛道
尒時五百萬億諸梵天王偈讚佛已各白佛
言唯願世尊轉於法輪多所安隱多所度脫
時諸梵天王而說偈言

時諸梵天王而說偈言
世尊轉法輪 擊甘露法鼓 度苦惱衆生 開示涅槃道
唯願受我請 以大微妙音 哀愍而敷演 無量劫習法
尒時大通智勝如來受十方諸梵天王及十
六王子請即時三轉十二行法輪若沙門婆
羅門若天魔梵及餘世間所不能轉謂是苦
是苦集是苦滅是苦滅道及廣說十二因緣
法無明緣行行緣識識緣名色名色緣六入六
入緣觸觸緣受受緣愛愛緣取取緣有有
緣生生緣老死憂悲苦惱無明滅則行滅行
滅則識滅識滅則名色滅名色滅則六入滅六
入滅則觸滅觸滅則受滅受滅則愛滅愛滅
則取滅取滅則有滅有滅則生滅生滅則老
死憂悲苦惱滅佛於天人大衆之中說是
法時六百萬億那由他人以不受一切法故
[illegible]

恒河沙那由他等衆生亦以不受一切法故
而於諸漏心得解脫從是已後諸聲聞衆無
量無邊不可稱數尒時十六王子皆以童子
出家而爲沙弥諸根通利智慧明了已曾供
養百千萬億諸佛淨脩梵行求阿耨多羅三
藐三菩提俱白佛言世尊是諸無量千萬億
大德聲聞皆已成就世尊亦當爲我等說阿
耨多羅三藐三菩提法我等聞已皆共脩學
世尊我等志願如來知見深心所念佛自證
知尒時轉輪聖王所將衆中八萬億人見十
六王子出家亦求出家王即聽許尒時彼佛
受沙弥請過二萬劫已乃於四衆之中說是
大乘經名妙法蓮華教菩薩法佛所護念說
是經已十六沙弥爲阿耨多羅三藐三菩提

是經已十六沙弥為阿耨多羅三藐三菩提
故皆共受持諷誦通利說是經時十六菩薩
沙弥皆悉信受聲聞衆中亦有信解其餘衆
生千萬億種皆生疑惑佛說是經於八千劫
未曾休癈說此經已即入静室住於禪定八
萬四千劫是時十六菩薩沙弥知佛入室寂
然禪定各昇法座亦於八萬四千劫為四部
衆廣說分別妙法華經一一皆度六百萬億
那由他恒河沙等衆生示教利喜令發阿耨
多羅三藐三菩提心大通智勝佛過八萬四
千劫已從三昧起往詣法座安詳而坐普告
大衆是十六菩薩沙弥甚為希有諸根通利
智慧明了已曾供養無量千萬億數諸佛於
諸佛所常脩梵行受持佛智開示衆生令入
其中汝等皆當數數親近而供養之所以者
何若聲聞辟支佛及諸菩薩能信是十六菩

多羅三藐三菩提如來之慧佛告諸比丘是
十六菩薩常樂說是妙法蓮華經一一菩薩
所化六百萬億那由他恒河沙等衆生世世
所生與菩薩俱從其聞法悉皆信解以此因
緣得值四萬億諸佛世尊于今不盡諸比丘
我今語汝彼佛弟子十六沙弥今皆得阿耨
多羅三藐三菩提於十方國土現在說法有
無量百千萬億菩薩聲聞以為眷屬其二沙
弥東方作佛一名阿閦在歡喜國二名須弥
頂東南方二佛一名師子音二名師子相南
方二佛一名虛空住二名常滅西南方二佛
一名帝相二名梵相西方二佛一名阿弥陁
二名度一切世間苦惱西北方二佛一名多
摩羅跋栴檀香神通二名須弥相北方二佛
一名雲自在二名雲自在王東北方佛名壞

摩羅跋旃檀香神通二名須彌相北方二佛
一名雲自在二名雲自在王東北方佛名壞
一切世間怖畏第十六我釋迦牟尼佛於娑
婆國土成阿耨多羅三藐三菩提諸比丘我
等為沙弥時各各教化無量百千萬億恒河
沙等衆生從我聞法為阿耨多羅三藐三菩
提此諸衆生于今有住聲聞地者我常教化
阿耨多羅三藐三菩提是諸人等應以是法
漸入佛道所以者何如來智慧難信難解尒
時所化無量恒河沙等衆生者汝等諸比丘
及我滅度後未來世中聲聞弟子是也我滅
度後復有弟子不聞是經不知不覺菩薩所
行自於所得功德生滅度想當入涅槃我於
餘國作佛更有異名是人雖生滅度之想入
於涅槃而於彼土求佛智慧得聞是經唯以
佛乘而得滅度更無餘乘除諸如來方便說

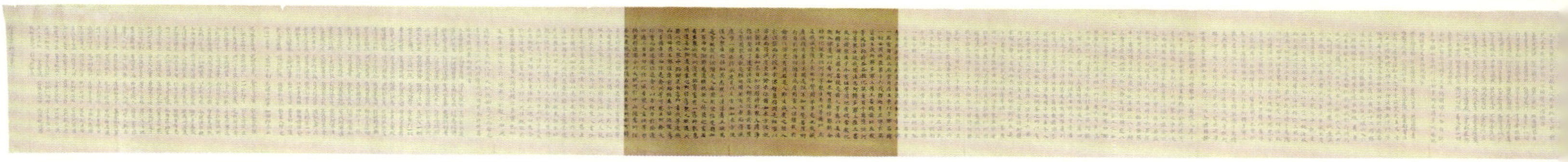

信解堅固了達空法深入禪定便集諸菩薩
及聲聞衆爲說是經世間無有二乘而得滅
度唯一佛乘得滅度耳比丘當知如來方便
深入衆生之性知其志樂小法深著五欲爲
是等故說於涅槃是人若聞則便信受譬如
五百由旬險難惡道曠絶無人怖畏之處若
有多衆欲過此道至珍寶處有一導師聰慧
明達善知險道通塞之相將導衆人欲過此
難所將人衆中路懈退白導師言我等疲極
而復怖畏不能復進前路猶遠今欲退還導
師多諸方便而作是念此等可愍云何捨大
珍寶而欲退還作是念已以方便力於險道
中過三百由旬化作一城告衆人言汝等勿
怖莫得退還今此大城可於中止隨意所作
若入是城快得安隱若能前至寶所亦可得

若入是城快得安隱若能前至寶所亦可得
去是時疲極之衆心大歡喜歎未曾有我等
今者免斯惡道快得安隱於是衆人前入化
城生已度想生安隱想尒時導師知此人衆
既得止息無復疲惓即滅化城語衆人言汝
等去來寶處在近向者大城我所化作為止
息耳諸比丘如來亦復如是今為汝等作大
導師知諸生死煩惱惡道險難長遠應去應
度若衆生但聞一佛乘者則不欲見佛不欲
親近便作是念佛道長遠久受勤苦乃可得
成佛知是心怯弱下劣以方便力而於中道為
止息故說二涅槃若衆生住於二地如來尒
時即便為說汝等所作未辦汝所住地近於
佛慧當觀察籌量所得涅槃非真實也但
是如來方便之力於一佛乘分別說三如彼

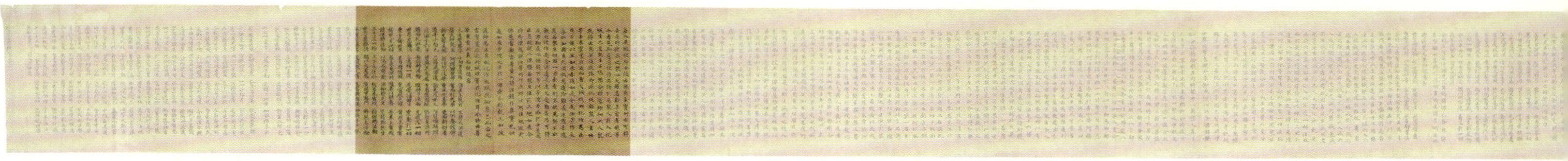

道師為止息故化作大城既知息已而告之
言寶處在近此城非實我化作耳尒時世尊
欲重宣此義而說偈言

大通智勝佛　十劫坐道場　佛法不現前　不得成佛道
諸天神龍王　阿脩羅眾等　常雨於天華　以供養彼佛
諸天擊天鼓　并作眾伎樂　香風吹萎華　更雨新好者
過十小劫已　乃得成佛道　諸天及世人　心皆懷踊躍
彼佛十六子　皆與其眷屬　千萬億圍繞　俱行至佛所
頭面礼佛足　而請轉法輪　聖師子法雨　充我及一切
世尊甚難值　久遠時一現　為覺悟群生　震動於一切
東方諸世界　五百萬億國　梵宮殿光曜　昔所未曾有
諸梵見此相　尋來至佛所　散華以供養　并奉上宮殿
請佛轉法輪　以偈而讚歎　佛知時未至　受請默然坐
三方及四維　上下亦復尒　散華奉宮殿　請佛轉法輪
世尊甚難值　願以大慈悲　廣開甘露門　轉無上法輪
無量慧世尊　受彼眾人請　為宣種種法　四諦十二緣

三方及四維　上下亦復尒　散花奉宮殿　請佛轉法輪
世尊甚難值　願以大慈悲　廣開甘露門　轉無上法輪
無量慧世尊　受彼衆人請　為宣種種法　四諦十二緣
無明至老死　皆從生緣有　如是衆過患　汝等應當知
宣暢是法時　六百萬億姟　得盡諸苦際　皆成阿羅漢
第二說法時　千萬恒沙衆　於諸法不受　亦得阿羅漢
從是後得道　其數無有量　萬億劫筭數　不能得其邊
時十六王子　出家作沙弥　皆共請彼佛　演說大乘法
我等及營從　皆當成佛道　願得如世尊　慧眼第一淨
佛知童子心　宿世之所行　以無量因緣　種種諸譬喻
說六波羅蜜　及諸神通事　分別真實法　菩薩所行道
說是法華經　如恒河沙偈　彼佛說經已　靜室入禪定
一心一處坐　八萬四千劫　是諸沙弥等　知佛禪未出
為無量億衆　說佛無上慧　各各坐法座　說是大乘經
於佛宴寂後　宣揚助法化　一一沙弥等　所度諸衆生

在在諸佛土　常與師俱生　是十六沙彌　具足行佛道
今現在十方　各得成正覺　爾時聞法者　各在諸佛所
其有住聲聞　漸教以佛道　我在十六數　曾亦為汝說
是故以方便　引汝趣佛慧　以是本因緣　今說法華經
令汝入佛道　慎勿懷驚懼　譬如險惡道　迥絕多毒獸
又復無水草　人所怖畏處　無數千萬眾　欲過此險道
其路甚曠遠　經五百由旬　時有一導師　強識有智慧
明了心決定　在險濟眾難　眾人皆疲倦　而白導師言
我等今頓乏　於此欲退還　導師作是念　此輩甚可愍
如何欲退還　而失大珍寶　尋時思方便　當設神通力
化作大城郭　莊嚴諸舍宅　周帀有園林　渠流及浴池
重門高樓閣　男女皆充滿　即作是化已　慰眾言勿懼
汝等入此城　各可隨所樂　諸人既入城　心皆大歡喜
皆生安隱想　自謂已得度　導師知息已　集眾而告言
汝等當前進　此是化城耳　我見汝疲極　中路欲退還

汝等當前進 此是化城耳 我見汝疲極 中路欲退還
故以方便力 權化作此城 汝今勤精進 當共至寶所
我亦復如是 為一切導師 見諸求道者 中路而懈廢
不能度生死 煩惱諸險道 故以方便力 為息說涅槃
言汝等苦滅 所作皆已辦 既知到涅槃 皆得阿羅漢
尒乃集大衆 為說真實法 諸佛方便力 分別說三乘
唯有一佛乘 息處故說二 今為汝說實 汝所得非滅
為佛一切智 當發大精進 汝證一切智 十力等佛法
具三十二相 乃是真實滅 諸佛之導師 為息說涅槃
既知是息已 引入於佛慧

妙法蓮華經卷第三

BD00851 四分律比丘戒本

（後秦）佛陀耶舍 譯

（唐）懷素 集

BD00851v 雜寫

379.5cm × 26cm

令政法久住　戒如海无涯
欲除四棄法　及滅僧殘罪
毗舍俱留孫　拘那含牟尼
我今欲善說　諸賢咸共聽
毀戒亦如是　不得生天人　欲得生天上
足　勿令有毀損　如御入嶮道　失轄折軸憂
懷恐懼　如人自照鏡　好醜生欣戚　說戒亦如是
全毀生憂喜　如兩陳共戰　勇怯有進退　說戒亦如是　淨穢生安畏
世間王位最　衆流海為最　衆星月為最　衆聖佛為最　一切衆律中
戒經為上最　如來立禁戒　半月半月說
和合僧集會　未受大戒出　不來諸比丘說欲及清淨　誰遣比丘及來諸
教戒　僧今和合何所作為　大德僧聽今十五日衆僧說戒若僧時到
僧忍聽和合說戒白如是　諸大德我今欲說波羅提木叉戒汝

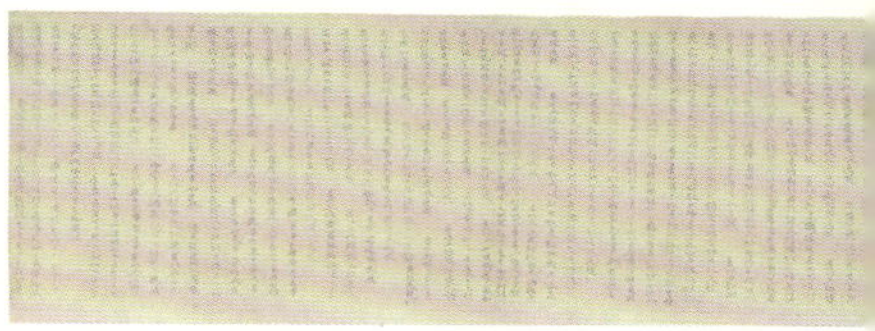

障道法若比丘憶念有罪欲求清淨者應懺、悔、則安樂諸大德我已說戒
經序今問諸大德是中清淨不三說 諸大德是中清淨默然故是事如是持
諸大德是四波羅夷法半月半月說戒經中來 若比丘共比丘同戒若不還
戒戒羸不自悔犯不淨行乃至共畜生是比丘波羅夷不共住 若比丘若在村
落若閑靜處不與物盜心取隨不取與法若為王王大臣所捉若殺若縛若
驅出國汝是賊汝癡汝無所知是比丘波羅夷不共住
若比丘故自手斷人命持刀授與人歎譽死快勸死咄男子用此惡活為寧死
不生作如是心思惟種種方便歎譽死快勸死是比丘波羅夷不共住
若比丘實無所知自稱言我得上人法我已入聖智勝法我知是我見是
彼於異時若問若不問欲自清淨故作是說我實不知不見言知言
見虛誑妄語除增上慢是比丘波羅夷不共住
諸大德我已說四波羅夷法 若比丘犯一一波羅夷法不得與諸比丘共住如前
後亦如是是比丘得波羅夷罪不應共住今問諸大德是中清淨不
諸大德是中清淨默然故是事如是持 諸大德是十三僧伽婆尸沙

BD00851　四分律比丘戒本

後亦如是是比丘得波羅夷罪不應共住今問諸大德是中清淨不
諸大德是中清淨默然故是事如是持　諸大德是十三僧伽婆尸沙
法半月半月說戒經中來　若比丘故弄陰出精除夢中僧伽婆尸沙
若比丘婬欲意與女人身相觸若捉手若捉髮若觸一身分者僧伽
婆尸沙　若比丘婬欲意與女人麁惡婬欲語隨麁惡婬欲語者僧伽婆
尸沙　若比丘婬欲意於女人前自歎身言大妹我脩梵行持戒精
進脩善法可持是婬欲法供養我如是供養第一最僧伽婆尸沙
若比丘往來彼此媒嫁持男意語女持女意語男若為成婦事若
為私通事及至須臾頃僧伽婆尸沙　若比丘自求作屋无主自
為已當應量作是中量者長佛十二磔手內廣七磔手當將餘比丘指授處
處所彼比丘當指示處所无難處无妨處若比丘有難處妨處自求作屋
无主自為已不將餘比丘指授處所若過量作者僧伽婆尸沙
若比丘欲作大房有主自為作當將餘比丘往指授處所彼比丘應指授
處所无難處无妨處若比丘有難處妨處作大房有主自為已作不將餘

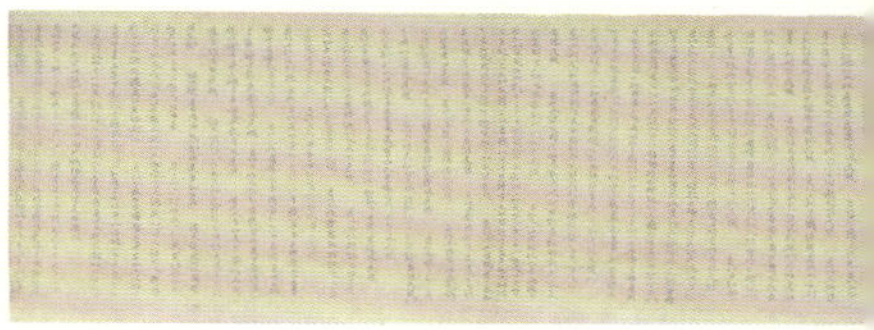

我瞋恚故若作是語者僧伽婆尸沙　若比丘以瞋恚故於異分事
中取片非波羅夷比丘以无根波羅夷法謗欲壞彼清淨行彼於異時
若問若不問知是異分事中取片是比丘自言我瞋恚故作是語作　若比丘
是語者僧伽婆尸沙　若比丘欲壞和合僧方便受壞和合僧法堅
持不捨彼比丘應諫是比丘言大德莫壞和合僧莫方便壞和合僧莫
受壞僧法堅持不捨大德應與僧和合與僧合和歡喜不諍同一師
學如水乳合於佛法中有增益安樂住是比丘如是諫時堅持不捨彼
比丘應三諫捨此事故乃至三諫捨者善不捨者僧伽婆尸沙
若比丘有餘伴黨若一若二若三乃至无數彼比丘語是比丘言大德莫諫此
比丘此比丘是法語比丘律語比丘此比丘所說我等喜樂此比丘所說我等忍可彼比丘言大
德莫作是說言此比丘是法語比丘律語比丘此比丘所說我等喜樂我此比丘所說
等忍可然此比丘非法語比丘非律語比丘大德莫欲壞和合僧汝等當
樂欲和合僧大德應與僧和合歡喜不諍同一師學如水乳合於佛法中
有增益安樂住是比丘如是諫時堅持不捨彼比丘應三諫捨此事故乃至三

有增益安樂住是比丘如是諫時堅持不捨彼比丘應三諫捨此事故乃至三
諫捨者善不捨者僧伽婆尸沙　若比丘依聚落若城邑住汙他家
行惡行汙他家亦見亦聞行惡行亦見亦聞諸比丘當語是比丘言大德汙
他家行惡行汙他家亦見亦聞行惡行亦見亦聞大德汝汙他家行惡行
今可遠此聚落去不須住此是比丘語彼比丘言　大德諸比丘有愛有
恚有怖有癡有如是同罪比丘有驅者有驅不者(而)諸比丘報言大德莫
作是語(言僧)有愛有恚有怖有癡有如是同罪比丘有驅者有不驅者而
諸大德(比丘)不愛不恚不怖不癡大德汙他家行惡行汙他家亦見亦聞行惡
行亦見亦聞是比丘如是諫時堅持不捨彼比丘應再三諫捨此事故乃至三
諫捨者善不捨者僧伽婆尸沙　若比丘惡性不受人諫語於戒
法中諸比丘如法諫已自身不受諫語言諸大德莫向我說若好若惡
我(亦)不向諸大德說若好若惡諸大德且止莫諫我彼比丘諫是比丘言
大德莫自身不受諫語大德自身當受諫語大德如法諫諸比丘諸
比丘亦如法諫大德如是佛弟子眾得增益展轉相諫展轉相教展
[illegible]

男乃至三諫若比丘犯一一法知而覆藏應強與波利婆沙行波利婆沙竟
增上與六夜摩那埵行摩那埵已餘有出罪應廿人僧中出是比丘罪
若少一人不滿廿眾出是比丘罪是比丘罪不得除諸比丘亦可呵此是時今問諸大德是
中清淨不三說 諸大德是中清淨默然故是事如是持 諸大德是二不定
法半月半月說戒經中來 若比丘共女人獨在屏處覆處障處可作
婬處坐說非法語有住信優婆私於三法中一一法說若波羅夷若僧伽
婆尸沙若波逸提是坐比丘自言我犯是罪於三法中應一一治若波羅夷
若僧伽婆尸沙若波逸提如住信優婆私所說應如法治是比丘是名不
定法 若比丘共女人在露現處不可作婬處坐說麤惡語有住信優
婆私於二法中一一法說若僧伽婆尸沙若波逸提是坐比丘自言我犯是事
於二法中應一一法治若僧伽婆尸沙若波逸提如住信優婆私所說應如法
治是比丘是名不定法 諸大德我已說二不定法今問諸大德是中清淨不三說
諸大德是中清淨默然故是事如是持 諸大德是三十尼薩耆波逸提法
半月半月說戒經中來 若比丘衣已竟迦絺那衣已出畜長衣經十日不

半月半月說戒經中來　若比丘衣已竟迦絺那衣已出畜長衣經十日不
淨施得畜若過十日尼薩耆波逸提　若比丘衣已竟迦絺那衣已出
於三衣中離一一衣異處宿除僧羯磨尼薩耆波逸提　若比丘衣已
竟迦絺那衣已出若比丘得非時衣欲須便受受已疾疾成衣若
足者善若不足者得畜經一月為滿足故若過畜者尼薩耆波逸提
若比丘從非親里比丘尼取衣除貿易尼薩耆波逸提　若比丘令非
親里比丘尼浣故衣若染若打者尼薩耆波逸提　若比丘從非親里居
士居士婦乞衣除餘時尼薩耆波逸提　若比丘失衣奪衣燒衣漂衣
若非親里居士居士婦自恣請多與衣是比丘當知足受衣若過受者尼
薩耆波逸提　若比丘居士居士婦為比丘辦衣價買如是衣與某甲
比丘是比丘先不受居士自恣請到居士家作如是說善哉居士為我買
如是衣與我為好故若得衣者尼薩耆波逸提　若比丘二居士居士婦
為比丘辦衣價持如是衣價買如是衣與某甲比丘是比丘先不受居士自恣
請到二居士家作如是言善哉居士為我辦如是如是衣價與我共作一衣為

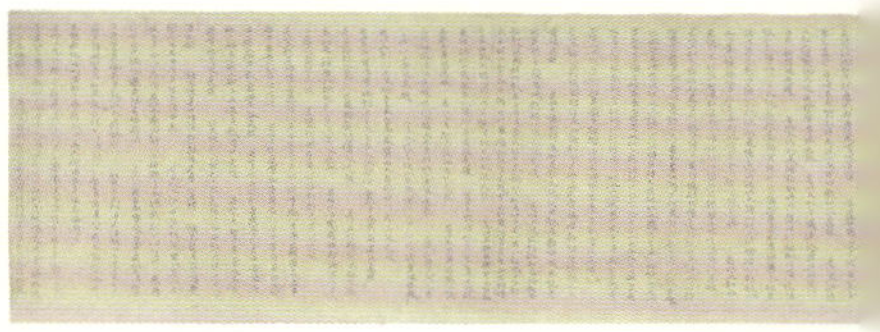

語比丘言大德今為汝故送是價衣受取是比丘應語彼使如是言我不應
受此衣價我若須衣合時清淨當受彼使語比丘言大德有執事人不
須衣比丘應語言有若伽僧藍民若優婆塞此是比丘執事人常為諸
比丘執事時彼使往至執事人所與衣價已還至比丘所作如是言大德所示
某甲執事人我已與衣價大德知時往彼當得衣須衣比丘當往執事人
所若二反三反為作憶念應語言我須衣若二反三反為作憶念得衣者
善若不得衣若四反五反六反在前默然立四反五反六反在前默然住
得衣者善若不得衣過是求得衣者尼薩耆波逸提
若比丘雜野蠶綿作新卧具尼薩耆波逸提　若比丘以新純黑羺羊
毛作新卧具尼薩耆波逸提　若比丘作新卧具應用二分純黑羊毛三分
白四分牻若比丘不用二分黑三分白四分牻作新卧具者尼薩耆波逸提
若比丘作新卧具持至六年若減六年不捨故更作新者除僧羯磨尼薩耆
波逸提　若比丘作新坐具當取故者縱廣一磔手帖著新者上用壞色故若
作新坐具不取故者縱廣一磔手帖著新者上用壞色故尼薩耆波逸提

作新坐具不取故者縱廣一磔手帖著新者上用壞色故尼薩耆波逸提
若比丘道路行得羊毛若無人持得自持乃至三由旬若無人持自持過三由旬者
尼薩耆波逸提　若比丘使非親里比丘尼浣染擘羊毛者尼薩耆波逸提
若比丘自手捉錢若金銀若教人捉若置地受者尼薩耆波逸提
若比丘種種賣買者尼薩耆波逸提　若比丘種種販賣者尼薩耆波逸提二十
若比丘畜長鉢不淨施得齋十日過者尼薩耆波逸提　若比丘畜鉢
減五綴不漏更求新者為好故尼薩耆波逸提
彼比丘應往僧中捨是鉢轉取僧下鉢與之令
若比丘自乞縷綫使非親
里織師織作衣者尼薩耆波逸提　若比丘居士居士婦使織師為比丘織
作衣彼比丘先不受自恣請便往織師所語言此衣為我作與我極好織令廣大堅緻我當少多與汝價是比丘與價乃至一食直若得衣者尼薩耆波逸提
若比丘先與比丘衣後瞋恚若自奪若教人奪取還我衣來不與汝若比
丘還衣彼取者尼薩耆波逸提　若比丘有病殘藥生蘇蜜石蜜齋七
日得服若過服者尼薩耆波逸提　若比丘春殘一月在當求雨浴衣半月
應用浴若比丘過一月前求雨浴衣過半月前用浴衣尼薩耆波逸提

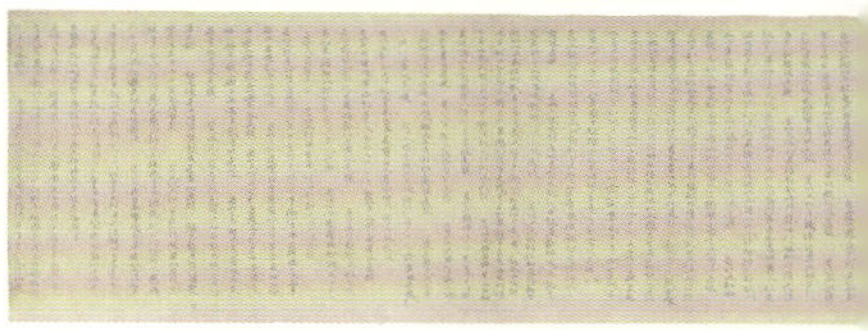

依明……

阿蘭若有疑恐懼處住比丘在如是處住三衣中欲留一一衣置村舍内諸比丘
有因緣離衣宿乃至六夜若過者尼薩耆波逸提　若比丘知是僧物自求入己
者尼薩耆波逸提　諸大德我已說三十尼薩耆波逸提法今問諸大德是中清淨不（三說）
諸大德是中清淨默然故是事如是持　諸大德是九十波逸提法半月半月說戒經中來
若比丘知而妄語者波逸提　若比丘種類毀呰語者波逸提　若比丘兩舌語者波逸提
若比丘与婦女同室宿者波逸提　若比丘与未受大戒人共宿過二宿至三宿者波逸提
若比丘与未受大戒人共誦者波逸提　若比丘知他比丘有麁惡罪向未受大戒人說
除僧羯磨波逸提　若比丘向未受大戒人說過人法我見是我知是實者波
逸提　若比丘與女人說法過五六語除有知男子波逸提　若比丘自手
掘地若教人掘者波逸提十一　若比丘壞鬼神村者波逸提　若比丘妄作異
語惱他者波逸提　若比丘嫌罵者波逸提　若比丘取僧繩牀木牀臥具坐
蓐露地敷若教人敷捨去不自舉不教人舉者波逸提　若比丘於僧房中
敷僧臥具若自敷若教人敷若坐若臥去時不自舉不教人舉者波逸提
若比丘知先比丘住處後來強於中間敷臥具止宿念言彼若嫌迮者自當避我去作

若比丘知先比丘住處後來強於中間敷卧具止宿念言彼若嫌窄者自當避我去作
如是因緣非餘非威儀波逸提　若比丘瞋他比丘不喜僧房中若自牽出若敎
他牽出波逸提　若比丘若在僧房若在重閣上脫脚繩牀若木床若坐若卧波
逸提　若比丘知水有虫若自澆泥若草若敎人澆者波逸提　若比丘欲作大
房戶扉窓牖及餘莊飾具指授覆苫齊二三節若過者波逸提二十
若比丘僧不差敎授比丘尼者波逸提　若比丘僧差敎授比丘尼乃至日暮者
波逸提　若比丘語諸比丘作如是語諸比丘為飲食故敎授比丘尼者波逸提
若比丘与非親里比丘尼衣除貿易波逸提　若比丘与非親里比丘尼作衣者波
逸提　若比丘獨与女人〔與比丘尼〕在屏處坐波逸提　若比丘与比丘尼共期同一道行
從一村乃至一村間波逸提　若比丘与比丘尼共期同一船上水下水除直渡者波逸提
若比丘知比丘尼讚歎故敎化因緣得食食除檀越先意者波逸提
若比丘婦女共期同一道行乃至一村間波逸提卅　若比丘施一食處无病比丘應一
食若過受者波逸提　若比丘展轉食除餘時波逸提　若比丘別衆食除
餘時波逸提　若比丘至白衣家請比丘与餅麨飯若比丘欲須者當二三鉢受

不分与餘比丘食者波逸提　若比丘[illegible]

食者波逸提　若比丘知他比丘足食已若受請不作餘法食慇懃請与食長

老取是食以是因緣非餘欲使他犯者波逸提　若比丘非時受食食者波逸提

若比丘殘宿食而食者波逸提　若比丘不受食若藥著口中除水及楊枝波

逸提　若比丘得好美飲食乳酪魚及肉如此美飲食无病自為己索者波逸提

若比丘外道男外道女自手與食者波逸提　若比丘先受請已食前食後

詣餘家不囑授餘比丘除餘時波逸提　若比丘有食家中有寶強安坐者

波逸提　若比丘食家中有寶在屏處坐者波逸提　若比丘獨与女人露地坐

者波逸提　若比丘語餘比丘如是語大德共至聚落當与汝食彼比丘竟不教与

是比丘食語言汝去我与汝一處若坐若臥不樂我獨坐獨語樂以此因緣非餘方便

遣他去者波逸提　若比丘請比丘四月与藥无病比丘應受若過受除常請更

請盡形受請者波逸提　若比丘往觀軍陣除時因緣波逸提　若比丘有因緣

聽至軍中二宿三宿若過受波逸提　若比丘二宿三宿軍中住或時觀軍陣鬪

戰若觀遊軍象馬力勢者波逸提五十　若比丘飲酒者波逸提

若比丘水中戲嬉者波逸提　若比丘以指相擊攊者波逸提　若比丘

[illegible]
若比丘水中戲嬉者波逸提　若比丘以指相擊攊者波逸提　若比丘
不受諫者波逸提　若比丘恐怖他比丘者波逸提　若比丘半月洗浴无病
、比丘應受不得過除餘時波逸提　若比丘无病自為炙身故在路地然火
若教人然除時因緣波逸提　若比丘藏他衣鉢坐具針筒若自藏若
教人藏下至戲咲者波逸提　若比丘与比丘比丘尼式叉摩那沙弥沙弥尼
衣後不語主還取著者波逸提　若比丘得新衣應三種壞色一一色中
隨意壞若青若黑若木蘭若比丘不以三種色若青若黑若木蘭著餘
衣者波逸提 六十　若比丘故斷畜生命者波逸提　若比丘知水有虫飲用
者波逸提　若比丘故惱他比丘令須臾間不樂者波逸提
若比丘知他比丘犯麁惡罪覆藏者波逸提　年滿廿應受大戒　若比丘知
年不滿二十与受大戒此人不得戒彼比丘可呵癡故波逸提　若比丘知諍
事起如法懺悔已後更發舉者波逸提　若比丘知是賊伴結要共同道行
乃至一村間波逸提　若比丘作如是語我知佛所說法行婬欲非障道法
彼比丘諫此比丘言大德莫作是語莫謗世尊謗世尊者不善世尊不作是
[illegible]

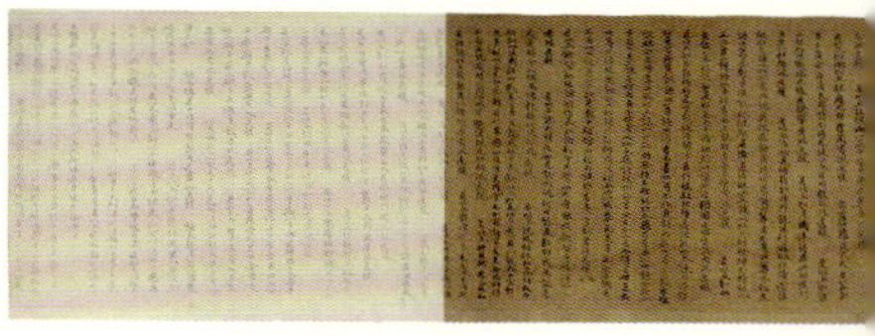

是語人未作法如是耶見而不捨供給所須共同羯磨止宿言語者波逸提
若比丘知沙弥作如是言我從佛聞法若行婬欲非障道法彼比丘諫此沙弥
如是言汝莫誹謗世尊謗世尊者不善世尊不作是語沙弥世尊无數方便
說婬欲是障道法彼比丘諫此沙弥時堅持不捨彼比丘應乃至再三呵諫令捨此
事故乃至三諫令捨者善不捨者此比丘應語彼沙弥言汝自今以去不得言佛是我
世尊不得隨逐餘比丘如諸沙弥得與大比丘二三宿汝今无是事汝出去滅去
不須此中住若比丘知是衆中被擯沙弥而誘將畜養言語者波逸提七十
若比丘餘比丘如法諫時作是如語我今不學此戒當難問餘智慧持律比丘
者波逸提　若比丘說戒時作如是語大德何用說是雜碎戒為說是
戒是時令人惱愧懷疑輕呵戒故波逸提　若比丘說戒時作如是語我今
始知此法戒經所載半月半月說戒經中來餘比丘知是比丘若二若三說戒中坐何
況多彼比丘无知无解若犯罪應如法治更增重无知罪語言長老汝无利得
不善汝說戒時不用心念耳聽法彼无知故波逸提　若比丘共同羯磨已後如
是語諸比丘隨親厚以僧物与者波逸提　若比丘衆僧斷事未竟不与欲
若比丘与欲已後悔者波逸提　若比丘共闘諍聽此語

是語諸比丘隨親厚以僧物与者波逸提　若比丘衆僧斷事未竟不与欲
而起去者波逸提　若比丘与欲已後悔者波逸提　若比丘共闘諍聽此語
已向彼說者波逸提　若比丘瞋恚不喜打比丘者波逸提　若比丘瞋恚故不喜
以手搏比丘者波逸提　若比丘瞋恚故以无根僧伽婆尸沙法謗者波逸提　八十
若比丘剎利水澆頭王王未出未藏寶而入若過宮門閾者波逸提
若比丘若寶及寶莊飾自捉若教人捉除僧伽藍中及寄宿處波逸提
若比丘非時入聚落不屬授餘比丘者波逸提　若比丘作繩牀木牀足應
高如來八指除入梐孔截竟過者波逸提　若比丘作兜羅綿貯繩床木床大
小蓐成者波逸提　若比丘作骨牙角針筒刳刮成者波逸提
若比丘作尼師檀當應量作是中量者長佛二磔手廣一手半更增廣長各半
磔手若過裁竟者波逸提　若比丘作覆瘡衣當應量作是中量者長佛四磔
手廣二磔手裁竟過者波逸提　若比丘作雨浴衣當應量作是中量者長
佛六磔手廣二磔手半過竟裁者波逸提　若比丘与如來等量作衣或
過量作者波逸提　諸大德我已說九十波逸提法今問諸大德是中清
[illegible]大德是四波羅提[illegible]

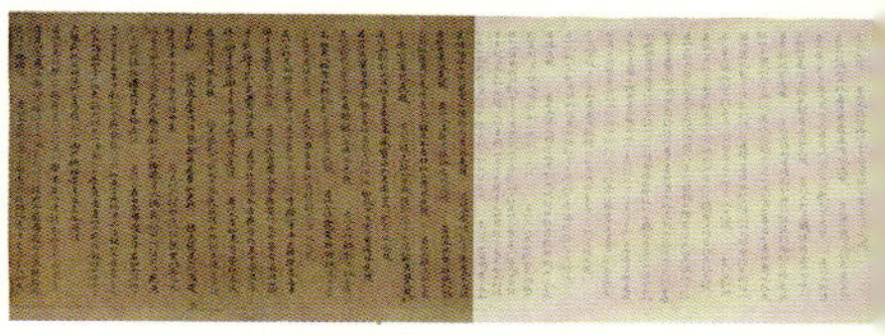

捨尼法半月半月說戒經中來　若比丘入村中從非親里比丘尼
病自手取食食若是比丘應向餘比丘悔過言大德我犯可呵法所不應為
我今向大德悔過是法名悔過法　若比丘在白衣家食是中有比丘尼指示
与某甲羹与某甲飯一比丘應語彼比丘尼如是言大姊且止須諸比丘食竟若無
一比丘語彼比丘尼如是語大姊且止須諸比丘食竟者是比丘應向餘比丘悔過言
大德我犯可呵法所不為應我今向大德悔過是法名悔過法
若比丘先作學家羯磨若比丘於是如學家先不受請無病自手受食食
者是比丘應向餘比丘悔過言大德我犯可呵法所不應為我今向大德悔過
是法名悔過法　若比丘在阿蘭若迥遠有疑恐怖處住若比丘在如是

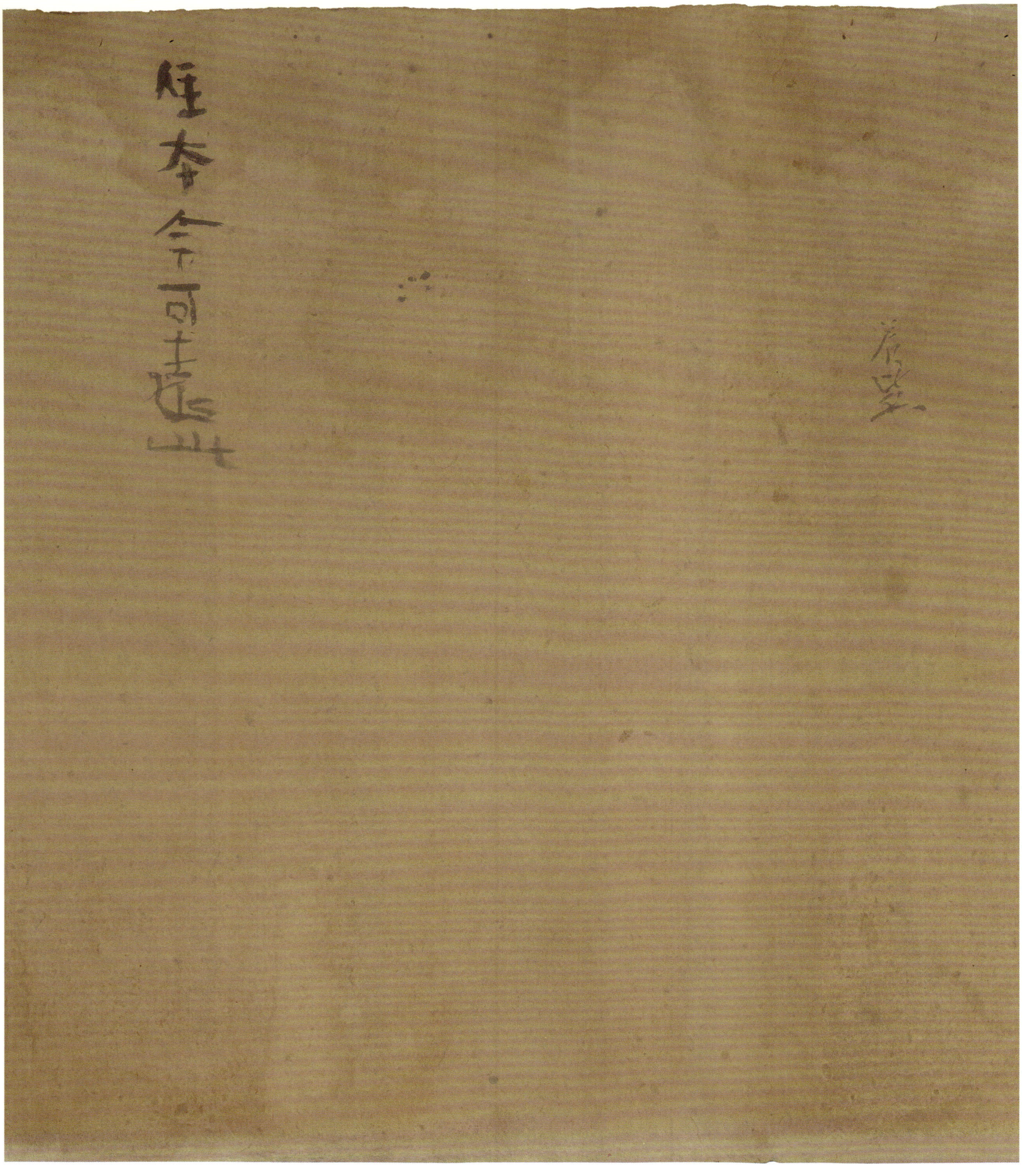

BD00851v　雜寫

BD00852 觀世音經

（後秦）鳩摩羅什 譯

200.1cm × 25.5cm

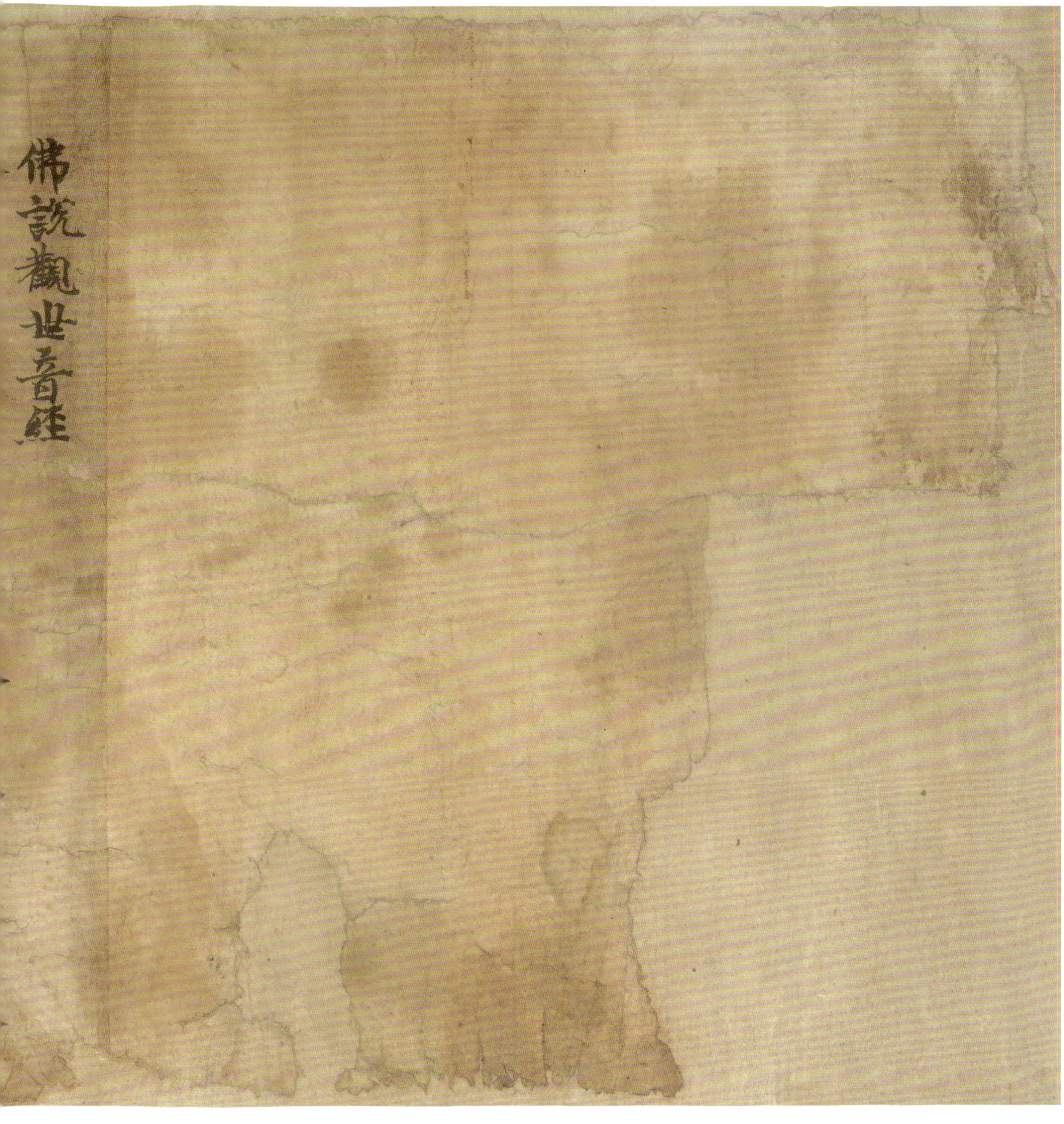
佛說觀世音經

佛說觀世音經
尒時无盡意菩薩即從座起偏
掌向佛而作是言世尊觀世音菩薩以何因
名觀世音佛告无盡意菩薩善男子若有无
百千万億衆生受諸苦惱聞是觀世音菩薩一
稱名觀世音菩薩即時觀其音聲皆得
若有持是觀世音菩薩名者設入大火火不能
由是菩薩威神力故若為大水所漂稱其名
即得淺處若有百千万億衆生為求金
琉璃車璩馬瑙珊瑚虎珀真珠等寶入於大
海假使黒風吹其舡舫飄墮羅剎鬼國其中若
有乃至一人稱觀世音菩薩名者是諸人等

有乃至一人稱觀世音菩薩名者是諸人等
解脫羅剎之難以是因緣名觀世音
若復有人臨當被害稱觀世音菩薩名者彼所
執刀杖尋段段壞而得解脫若三千大千國土滿中
夜叉羅剎欲來惱人聞其稱觀世音菩薩名者是
諸惡鬼尚不能以惡眼視之況復加害
設復有人若有罪若无罪杻械枷鎖檢繫其身
稱觀世音菩薩名者皆悉斷壞即得解脫若三千
大千國土滿中怨賊有一商主將諸商人齎持重寶
經過險路其中一人作是唱言諸善男子勿得恐
怖汝等應當一心稱觀世音菩薩名号是菩薩能以无
畏施於衆生汝等若稱名者於此怨賊當得解脫
衆商人聞俱發聲言南无觀世音菩薩稱其名

衆商人聞俱發聲言南无觀世音菩薩稱其名
故即得解脫无盡意觀世音菩薩摩訶薩威
神之力巍巍如是
若有衆生多於婬欲常念恭敬觀世音菩薩
便得離欲若多瞋恚常念恭敬觀世音菩薩
便得離瞋若多愚癡常念恭敬觀世音菩薩
便得離癡无盡意觀世音菩薩有如是等大威
神力多所饒益是故衆生常應心念
若有女人設欲求男礼拜供養觀世音菩薩便生福
德智慧之男設欲求女便生端正有相之女宿殖
德本衆人愛敬无盡意觀世音菩薩有如是力
若有衆生恭敬礼拜觀世音菩薩福不唐捐是
故衆生皆應受持觀世音菩薩名号无盡意若
有人受持六十二億恒河沙菩薩名字復盡形供養

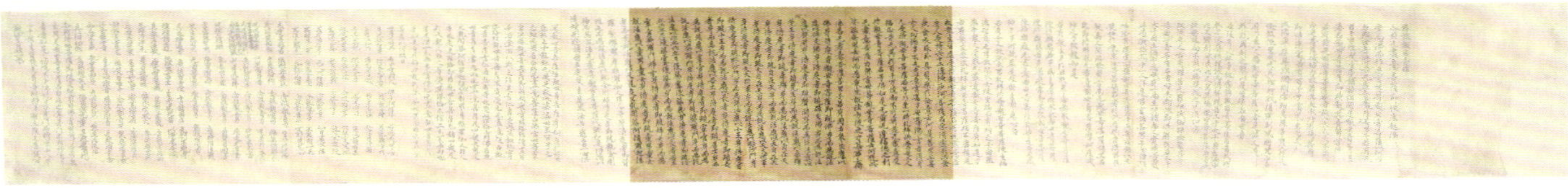

故衆生常應受持觀世音菩薩[illegible]
有人受持六十二億恒沙河菩薩名字復盡形供養
飲食衣服卧具醫藥於汝意云何是善男子善
女人功德多不无盡意言甚多世尊佛言若復有
人受持觀世音菩薩名号乃至一時礼拜供養是二人
福正等无異於百千万億劫不可窮盡无盡意受
持觀世音菩薩名号得如是无量无邊福德之利
无盡意菩薩白佛言世尊觀世音菩薩云何遊此
娑婆世界云何而為衆生說法方便之力其事云何
佛告无盡意菩薩善男子若有國土衆生應以
佛身得度者觀世音菩薩即現佛身而為說法
應以辟支佛身得度者即現辟支佛身而為說法
應以聲聞身得度者即現聲聞身而為說法應以
梵王身得度者即現梵王身而為說法應以帝釋

梵王身得度者即現梵王身而為說法應以帝釋
身得度者即現帝釋身而為說法應以自在天
身得度者即現自在天身而為說法應以大自在天
身得度者即現大自在天身而為說法應以天大將軍
身得度者即現天大將軍身而為說法應以毗沙門身
得度者即現毗沙門身而為說法應以小王身得度者
即現小王身而為說法應以長者身得度者即現長
者身而為說法應以居士身得度者即現居士身而
為說法應以宰官身得度者即現宰官身而為
說法應以婆羅門身得度者即現婆羅門身而為說
法應以比丘比丘尼優婆塞優婆夷身得度者即現比
丘比丘尼優婆塞優婆夷身而為說法應以長者居士
宰官婆羅門婦女身得度者即現婦女身而為
說法應以童男童女身得度者即現童男童女
而為說法應以天龍夜叉乾闥婆阿循羅迦樓

說法應以童男童女身得度者即現
身而為說法應以天龍夜叉乾闥婆阿脩羅迦樓
羅緊那羅摩睺羅伽人非人等身得度者即皆
現之而為說法應以執金剛神得度者即現執金剛
神而為說法无盡意觀世音菩薩成就如是功德以
種種形遊諸國土度衆生是故汝等應當一心供
養觀世音菩薩稱觀世音菩薩摩訶薩於怖畏
急難之中能施无畏是故此娑婆世界皆號之
為施无畏者尒時无盡意菩薩白佛言世尊我今
當供養觀世音菩薩即解頸衆寶珠瓔珞價直百
千兩金而以與之作是言仁者受此法施珎寶
瓔珞時觀世音菩薩不肯受之无盡意復白觀
世音菩薩言仁者愍我等故受此瓔珞尒時佛告觀

世音菩薩言仁者愍我等故受此瓔珞尒時佛告觀
世音菩薩當愍此无盡意菩薩及四衆天龍夜
叉乾闥婆阿脩羅迦樓羅緊那羅摩睺羅伽人非人
等故受是瓔珞即時觀世音菩薩愍諸四衆及
於天龍人非人等受其瓔珞分作二分一分奉釋迦
牟尼佛一分奉多寶佛塔无盡意觀世音菩薩
有如是自在神力遊於娑婆世界尒時无盡意
菩薩以偈問曰

世尊妙相具　我今重問彼　佛子何因緣　名為觀世音
具足妙相尊　偈荅无盡意　汝聽觀音行　善應諸方所
弘誓深如海　歷劫不思議　侍多千億佛　發大清淨願
我為汝略說　聞名及見身　心念不空過　能滅諸有苦
假使興害意　推落大火坑　念彼觀音力　火坑變成池
或漂流巨海　龍魚諸鬼難　念彼觀音力　波浪不能沒

或漂流巨海　龍魚諸鬼難　念彼觀音力　波浪不能沒
或在須彌峯　為人所推墮　念彼觀音力　如日虛空住
或被惡人逐　墮落金剛山　念彼觀音力　不能損一毛
或值怨賊遶　各執刀加害　念彼觀音力　咸即起慈心
或遭王難苦　臨刑欲壽終　念彼觀音力　刀尋段段壞
或囚禁枷鎖　手足被杻械　念彼觀音力　釋然得解脫
呪詛諸毒藥　所欲害身者　念彼觀音力　還著於本人
或遇惡羅剎　毒龍諸鬼等　念彼觀音力　時悉不敢害
若惡獸圍遶　利牙爪可怖　念彼觀音力　疾走无邊方
蚖蛇及蝮蠍　氣毒烟火燃　念彼觀音力　尋聲自迴去
雲雷鼓掣電　降雹澍大雨　念彼觀音力　應時得消散
衆生被困厄　无量苦逼身　觀音妙智力　能救世間苦
具足神通力　廣脩智方便　十方諸國土　无剎不現身

具足神通力　廣修智方便　十方諸國土　无刹不現身
種種諸惡趣　地獄鬼畜生　生老病死苦　以漸悉令滅
真觀清淨觀　廣大智慧觀　悲觀及慈觀　常願常瞻仰
无垢清淨光　慧日破諸闇　能伏災風火　普明照世間
悲體戒雷震　慈意妙大雲　澍甘露法雨　滅除煩惱炎
諍訟經官處　怖畏軍陣中　念彼觀音力　衆怨悉退散
妙音觀世音　梵音海潮音　勝彼世間音　是故須常念
念念不生疑　觀世音淨聖　於苦惱死厄　能為作依怙
具一切功德　慈眼視衆生　福聚海无量　是故應頂礼
尒時持地菩薩即從座起前白佛言世尊若有衆
生聞是觀世音菩薩品自在之業普門示現神通力
者當知是人功德不少佛說是普門品時衆中八万
四千衆生皆發无等等阿耨多羅三藐三菩提心

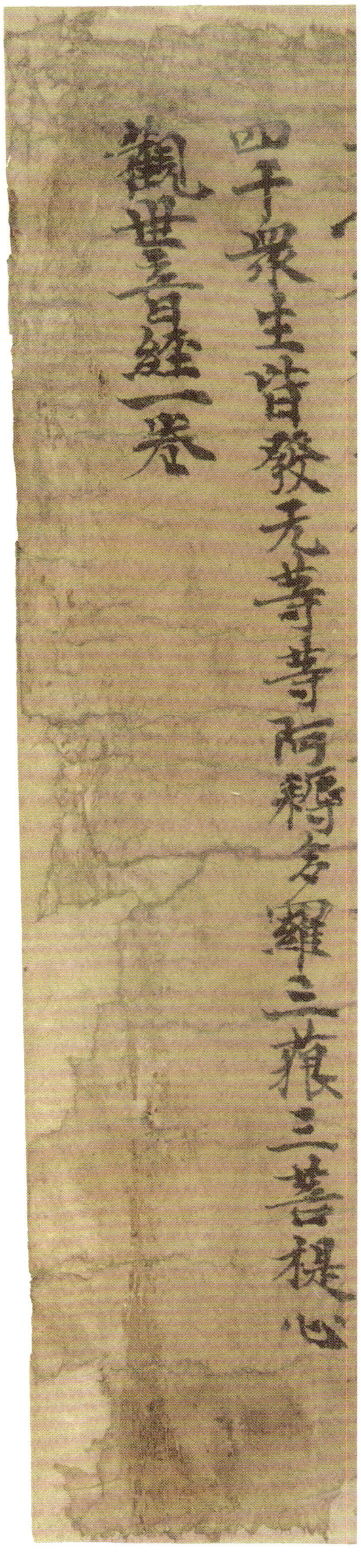

四千衆生皆發无等等阿耨多羅三藐三菩提心

觀世音經一卷

BD00853 大般若波羅蜜多經卷二八一

（唐）玄奘 譯

139.9cm × 24.4cm

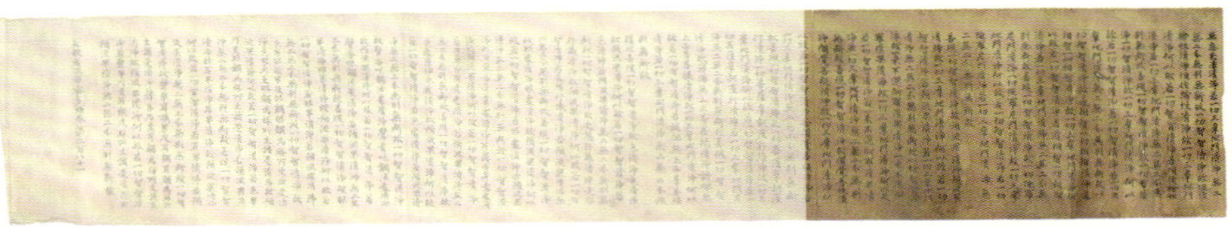

無忘失法清淨若一切三摩地門清淨無二
無二分無別無斷故一切智智清淨故恒住
捨性清淨恒住捨性清淨故一切三摩地門
清淨何以故若一切智智清淨若恒住捨性
清淨若一切三摩地門清淨無二無二分無
別無斷故善現一切智智清淨故一切智清
淨一切智清淨故一切三摩地門清淨何以
故若一切智智清淨若一切智清淨若一切三
摩地門清淨無二無二分無別無斷故一
切智智清淨故道相智一切相智清淨道
相智一切相智清淨故一切三摩地門清淨何
以故若一切智智清淨若道相智一切相智
清淨若一切三摩地門清淨無二無二分無
別無斷故善現一切智智清淨故一切陁羅

尼門清淨一切陁羅尼門清淨故一切三摩
地門清淨何以故若一切智智清淨若一切
陁羅尼門清淨若一切三摩地門清淨無
二無二分無別無斷故
善現一切智智清淨故預流果清淨預流果
清淨故一切三摩地門清淨何以故若一切
智智清淨若預流果清淨若一切三摩地門
清淨無二無二分無別無斷故一切智智清
淨故一來不還阿羅漢果清淨一來不還阿
羅漢果清淨故一切三摩地門清淨何以故
若一切智智清淨若一來不還阿羅漢果清
淨若一切三摩地門清淨無二無二分無別
無斷故善現一切智智清淨故獨覺菩提清
淨獨覺菩提清淨故一切三摩地門清淨何
以故若一切智智清淨若獨覺菩提清淨若

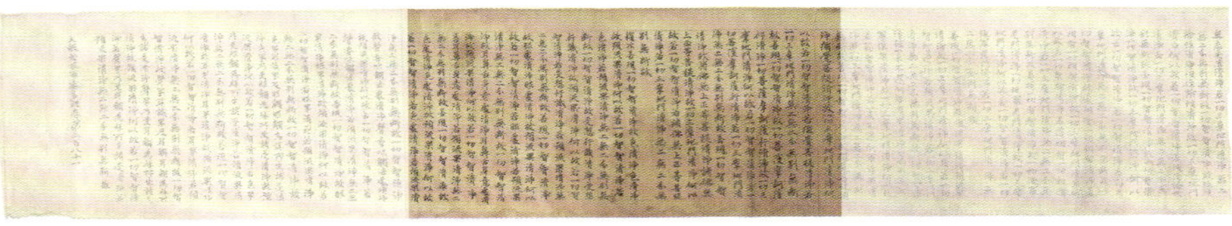

無斷故善現一切智智清淨故獨覺菩提清
淨獨覺菩提清淨故一切三摩地門清淨何
以故若一切智智清淨若獨覺菩提清淨若
一切三摩地門清淨無二無二分無別無斷
故善現一切智智清淨故一切菩薩摩訶薩
行清淨一切菩薩摩訶薩行清淨故一切三
摩地門清淨何以故若一切智智清淨若一
切菩薩摩訶薩行清淨若一切三摩地門清
淨無二無二分無別無斷故善現一切智智
清淨故諸佛無上正等菩提清淨諸佛無
上正等菩提清淨故一切三摩地門清淨何以
故若一切智智清淨若諸佛無上正等菩提
清淨若一切三摩地門清淨無二無二分無
別無斷故
復次善現一切智智清淨故色清淨色清淨

故預流果清淨何以故若一切智智清淨若
色清淨若預流果清淨無二無二分無別無
斷故一切智智清淨故受想行識清淨受想
行識清淨故預流果清淨何以故若一切智
智清淨若受想行識清淨若預流果清淨無
二無二分無別無斷故善現一切智智清淨
故眼處清淨眼處清淨故預流果清淨何以
故若一切智智清淨若眼處清淨若預流果
清淨無二無二分無別無斷故一切智智清
淨故耳鼻舌身意處清淨耳鼻舌身意處清
淨故預流果清淨何以故若一切智智清淨
若耳鼻舌身意處清淨若預流果清淨無二
無二分無別無斷故善現一切智智清淨故
色處清淨色處清淨故預流果清淨何以故
若一切智智清淨若色處清淨若預流果清

色處清淨色處清淨故預流果清淨何以故
若一切智智清淨若色處清淨若預流果清
淨無二無二分無別無斷故一切智智清淨
故聲香味觸法處清淨聲香味觸法處清淨
故預流果清淨何以故若一切智智清淨若
聲香味觸法處清淨若預流果清淨無二無
二分無別無斷故善現一切智智清淨故眼
界清淨眼界清淨故預流果清淨何以故若
一切智智清淨若眼界清淨若預流果清淨
無二無二分無別無斷故一切智智清淨故
色界眼識界及眼觸眼觸為緣所生諸受清
淨色界乃至眼觸為緣所生諸受清淨故預
流果清淨何以故若一切智智清淨若色界
乃至眼觸為緣所生諸受清淨若預流果清
淨無二無二分無別無斷故善現一切智智

清淨故耳界清淨耳界清淨故預流果清淨
何以故若一切智智清淨若耳界清淨若預
流果清淨無二無二分無別無斷故一切智
智清淨故聲界耳識界及耳觸耳觸爲緣所
生諸受清淨聲界乃至耳觸爲緣所生諸受
清淨故預流果清淨何以故若一切智智清
淨若聲界乃至耳觸爲緣所生諸受清淨若
預流果清淨無二無二分無別無斷故

大般若波羅蜜多經卷第二百八十一

圖書在版編目（CIP）數據

中國國家圖書館藏敦煌文獻．第五六册／中國國家圖書館編．—北京：國家圖書館出版社，2024.12

ISBN 978-7-5013-7978-1

Ⅰ．①中… Ⅱ．①中… Ⅲ．①敦煌學－文獻 Ⅳ．①K870.6

中國國家版本館CIP數據核字（2024）第036574號

書　　名　中國國家圖書館藏敦煌文獻・第五六册

著　　者　中國國家圖書館　編

項目統籌　魏　崇　殷夢霞

責任編輯　苗文葉　潘　竹　程魯潔　黄　鑫

責任校對　王　哲　蔣昕童

出版發行　國家圖書館出版社（北京市西城區文津街7號　100034）

（原書目文獻出版社　北京圖書館出版社）

010-66114536　63802249　nlcpress@nlc.cn（郵購）

網　　址　http://www.nlcpress.com

排版印裝　天津裕同印刷有限公司

版次印次　2024年12月第1版　2024年12月第1次印刷

開　　本　787×1092　1/8

印　　張　40

書　　號　ISBN 978-7-5013-7978-1

定　　價　2800.00圓